みんなみんな
ちがって、
みんなダメ

身の程を知る
劇薬人生論

Nakata Ko
中田考

KKベストセラーズ

みんなちがって、
みんなダメ

まえがき

中田　考

人間はみなダメです。

「人間にはまだ知らないことがある」などという意味ではありません。

また「宇宙の事象は無限であり、人間の知識はしょせん有限でしかないので、有限はいかに大きくても無限と比べれば無であるから、人間の知などゼロに過ぎない」といった話をしているのではありません。「宇宙の彼方の星ヒミコには現在ウサギに似た宇宙人が住んでいるかどうかはわからないだろう」などと言いたいわけでもありません。

それは、たとえば、炊事場の引き出しにしまっておいた私の「山葵《わさび》茶漬けの素」の袋を齧《かじ》って中身を食い荒らした憎いドブネズミが今どこに隠れ潜んでいてどうすれば退治できるのかわからない、といったことです。

私たちは自分が本当に知りたいことを何か一つでも知っているでしょうか。

愛する人が何をすれば喜んでくれるのか、自分を愛するようになってくれるのか、逆に何をすれば怒り悲しみ自分を嫌いになるのか、私たちは知っているでしょうか。

いや、他人のことだけではありません。自分が将来何になるのか、どうなるのか、誰もが見通しが立たず不安に思っているのではないでしょうか。遠い未来の出来事どころか、自分が五分後に何を考えているかさえ私たちは知ることはできません。

今から五分前に、あなたは私のこの文章に出会いどんな気持ちを味わうことになるか、少しでも想像できたでしょうか。

私たちは何も知らないのです。でも、何も知らないから人間はダメだ、ということにはなりません。ハダカデバネズミやクマムシは微分方程式も解けず万有引力の法則も知りませんが、立派に生きて死んでいきます。ハダカデバネズミに、お前はバカだ、と言って、数学と物理学を教え込もうとする奴がいれば、バカはハダカデバネズミではなくそいつのほうです。

ダメなのは、何も知らないことではなく、知るべきことを知らないことです。知るべきことを知らない者をバカと言います。知るべきことを知らない者はどんなに物知りでも高学歴でもバカであり、知るべきことさえ知っている者は誰でもたとえ他に何一つ知らなくとも賢者です。

知るべきことを知って生きているハダカデバネズミやクマムシは人間より賢く、ほとんどの人間は彼らにも劣るバカなのです。では知るべきこととは何なのでしょうか。人が知るべきことは「自分が何をしたいのか」、そして「自分には何ができるのか」の二つしかありません。ほとんどの人は本当に自分がしたいことに気づいておらず、また自分に本当はできることをできないと信じ込んでおり、逆に本当はできないことをできると思い込んでいます。それがバカであり、本当の意味でダメな人です。

本書の目的は、本当に知るべきこと、つまり、自分が何をしたいか、自分に何ができるか、を気づく手掛かりを読者に与えることにあります。

実のところ、人が知るべきことは本当は二つではなく、三つです。その三つ目とは、「自分は何をなすべきか」です。本書を読み終えて、「自分が何をなすべきか」が気にかかり始めたあなたとは、主がお望みなら、またどこかでお会いすることになるでしょう。あなたに主のご加護とお導きがありますように。

みんなちがって、みんなダメ　目次

まえがき　中田考　2

第1章 あなたが不幸なのはバカだから　11

承認欲求という病　12
生きているとは、すでに承認されていること　13
信仰があると承認欲求はいらなくなる　15
ツイッターをどう使うか　18
ツイッターでの議論は無意味　19
教育するとバカになる　22
学校は洗脳機関　24
バカとは、自分をヘビだと勘違いしたミミズ　25
答えなんかない　27
あなたが不幸なのはバカだから　31

「テロは良くない」がなぜダメな議論なのか　33
みんなちがって、みんなダメ　36
「気づき」は救済とは関係ない　39
賢さの三つの条件　41
神がいなければ「すべきこと」など存在しない　42
勤勉に働けばなんとかなる？　45

第2章　自由という名の奴隷　49

トランプ現象の意味　50
世界が「平等化」する？　52
努力しないと「平等」になれない　55
「滅んでもかまわない」と「滅ぼしてしまえ」はちがう　57
自由とは「奴隷でない」ということ　59
西洋とイスラーム世界の奴隷制のちがい　61
神の奴隷、人の奴隷　63

サウジアラビアの元奴隷はどこへ？ 66
人間の機械化こそが奴隷化 68
人間による人間への強制こそが問題 71

第3章 宗教は死ぬための技法 75

老人は迷惑 76
老人から権力を奪え 78
老人は置かれた場所で枯れなさい 79
社会保障はいらない 81
宗教は死ぬための技法 83
自分に価値がないとわかる地点に降りていくのが宗教 85
もらうより、あげるほうが楽しい 88
お金をあげても助けにはならない 90
「働かざる者、食うべからず」はイスラーム社会ではありえない 92
なぜ生活保護を受けない？ 94

金がないと結婚できないは嘘　96
結婚は制度設計　98
洗脳から逃れるのはむずかしい　100
幸せを手放せば幸せになれる　102

第4章 バカが幸せに生きるには　105

死なない灘高生　106
寅さんと「ONE PIECE」　107
あいさつすると人生が変わる？　109
視野の狭いリベラル　110
夢は叶わないとわかっているからいい　113
「すべきこと」をしているから生きられる　115
バカが幸せに生きるには　117
三年寝太郎のいる意味　119
バカと魯鈍とリベラリズム　122

教育とは役立つバカをつくること　123
土俵で議論してはいけない　125
例外が本質を表す　127
言葉の暴力なんてない　129
言論の自由には実体がない　131
バカがＡＩを作れば、バカなＡＩができる　133
差別と区別にちがいはない　136
あらゆる価値観は恣意的なもの　138
『キングダム』の時代が近づいている　141
人間に「生きる権利」などない　143

第５章　長いものに巻かれれば幸せになれる？　147

理想は「周りのマネをする」と「親分についていく」　148
自分より優れた人間を見つけるのが重要　153
身の程を知れ　155

長いものには巻かれろ　159
ほとんどの問題は、頭の中だけで解決できる　162
権威に逆らう人間は少数派であるべき　167
たい焼きを配ることで生まれる価値　172
大多数の人にコペルニクスは参考にならない　175
為政者が暗殺されるのはいい社会？　181
謙虚なダメと傲慢なダメはちがう　186
迫害されても隣の人のマネを貫き通す　189

解説　田中真知　194

第1章 あなたが不幸なのはバカだから

承認欲求という病

コミュニケーションがうまくいかない、生きづらさを感じる人たちが増えているといわれますが、よくその一つにＳＮＳの普及が関係しているといわれます。たとえば、ＳＮＳが承認欲求を満たす場になっていて、それを求めるあまり疲れてしまうとか。

どうして承認欲求がないと生きられないと感じるのか。そこには親との関係があるとよくいわれています。人間は子どものときに、親からしっかり承認されたと感じられないと、それを大きくなってもひきずってしまう。子どもが親にとって「いいこと」をしたときだけしか承認してもらえないとなると、「いいこと」をしつづけなければならない。そこには無条件の承認がない。でも、大人になってしまうと「いいこと」をしたって承認されないことのほうが多い。そのため、つねに承認を求めないではいられない。それがあまりに強くなってしまって生きづらくなります。

承認欲求はもともと西洋の考え方で、アメリカの心理学者アブラハム・マズロー（一九〇八～一九七〇年）の欲求の階層理論の翻訳によって知られたものです。しかし、ルーツをたどると、それはカトリックがでっちあげた告解制度にあります。告解とは教会で神父に罪を告白することです。この告解を制度化したことによって、平信徒はふだんから罪の自責の念にさいなまれ、毎週日曜日に教会から「赦《ゆる》してやる」と言ってもらえないと安心できないという心理状態に置かれるようになったのです。

つまり、西洋文化は親からの承認を求める本能的な欲求を、制度的に強化したのです。そうなると、いつも不安で承認を確認しながらでないと生きられなくなる。そういうことがSNSの世界でも起きているのだと思います。

生きているとは、すでに承認されていること

承認欲求は不安の裏返しです。承認されれば承認欲求がなくなるわけではありません。不安はそのままなので、承認されればされるほど、さらなる承認を求めるようになります。しかし、人間は本当に承認がないと生きられないのでしょうか。

ナーブルスィー（一六四一～一七三一年）というオスマン帝国のイスラーム学者の書いた本を（ハピーバ中田香織・ハサン中田考が）書き直した『やさしい神さまのお話』という本があります。その最初に「生きているということ自体が承認されていることだ」と

書いてあります。それだけではなくて、まだその先もあるのですが、基本的には、イスラームでは存在するものはすべて承認されているという大前提があります。

世界が存在するということが、神の存在証明なんです。神がいなかったら世界が存在しない。世界がなぜあるのかというと、神の意志によってある。神が望んだからある。つまり神によって承認されている。これはあまりにも当たり前なんで、わざわざその本には書いていないのですが、世界に存在するものはすべて、すでに承認された存在としてこの世にあるんです。

さらにいえば、今存在しているものは今は承認されている。悪人であろうと信仰の篤《あつ》いものであろうと、今この瞬間は承認されている。ただし、次の瞬間はわからない。いま存在していることは承認の証なのですが、次の瞬間どうなっているかはわからない。

そこには時間をどう考えるかという問題もあります。一般的にいわれているように時間は直線的で未来はあるという考え方に従うならば、イスラームでは「承認されている」とは、来世で天国に行けることを意味します。ただ、地獄に落ちる人もいます。地獄へ行くかどうかは、今は承認されているけれど、それに対して何をするかによって決まる。

ナーブルスィーは、最終的に地獄に落ちても、それはそれで神に承認されていることなのだとも言っています。地獄も神に創られているわけなので、その中にいる人間も、永遠とも思える長い長い期間、業火によって清められた後には最終的にはそれでもいいやと思える境地に達するというんです。なかなか理解しにくいところですが、大前提として存在しているだけで承認されているということと、そこから先に何かしなくてはいけないということは、決して矛盾しません。

信仰の世界では、承認は神によって与えられるのですが、信仰を離れた経験的世界では、それが先ほど申し上げたように、親による子育てなどによって与えられます。そこでうまく承認を得られれば、肯定的な世界観をもてますが、うまくいかないと生きづらさを感じたり神経症になったりする。そこに評価されることを求めて、なにかしなくてはならない、という強迫観念がつきまといます。これは見方を変えると、評価されないのは自業自得・自己責任だという新自由主義的な発想につながります。

信仰があると承認欲求はいらなくなる

承認という考え方は、信仰があるかどうかによって大きく変わります。先日若い人にインタビューを受けたのですが、そのとき「影響を受けた人はいますか？」と質問されて、「誰にも影響を受けていない」と答えたらずいぶん驚かれました。もちろん誰かに会って話をすればある程度は影響を受けます。学問をやっていると当然、誰かの本を読んで影響を受けることはあります。

しかし、ある人の生き方に憧れて行動が変わることはありませんでしたし、そこまで尊敬できる人もいませんでした。そう答えると、「他の人に影響されないのがすごい」とか「不思議だ」とか言われて、逆に驚かされました。

信仰をもっている立場からすると、基本的には神が満足するかどうかだけを考えて生きているので、他人が何を言おうと、どんな生き方をしようと、自分にとってはどうでもいいことなんです。イスラームや一神教の考え方では、承認欲求も何もかも神に一元化するのが基本です。もちろんそれは目標であって実際にできるかどうかは別ですが、考え方の基本はそこにあります。

神を満足させられれば、それ以外のことには関心がなくなるんです。それが基本というか目標です。イスラームに入信する前と後で変わったところがあるとすれば、その点です。入信前は何をすれば神が満足するかがわからなかった。しかし、入信すると、やることが明確化します。とりあえず礼拝していればいい。それだけで楽になります。理解していなくても、とりあえず最低限言われたことをする。イスラームでは、義務というのは良い悪いではなくて、考えるまでもないことなんです。考えても仕方ないので、やるしかない。やっていればとりあえず罰はなくて、天国へ行けるという報酬もある。それ以上やることもできますが、後はオプションです。最低限の安心感はあるわけです。

神に承認されていれば、そもそも承認欲求自体がなくなります。なくなるというよりも、どうでもよくなる。イスラームだけでなく一神教というのは、そういうものなのですが、実際はそうなっていないのは、近代西洋文明が世界を覆っていて、それにすっかり浸かっているからです。

イスラームにしても、イスラーム教徒を名乗っている人はたくさんいますが、その基本的なことですら実践している人は本当に少ない。ただ、それでもある程度は基本的な考え方は残っているので、イスラーム教徒になると、多少は生きやすい部分はあると思います。

ツイッターをどう使うか

SNSの話に戻りますが、私個人はツイッターをよく使っています。使っているというより中毒です。私の場合、コミュニケーション・ツールとして使っているわけではありません。文字どおり、独り言をつぶやくだけです。

私は古典文献学者なので、言葉の意味を語源にさかのぼって考えるところがあるのですが、ツイッター（Twitter）はもともと「さえずり」という意味の言葉から来ています。ですから、読む人にとっては理解できないだろうこともしゃべっています。特定の人間向けにしゃべっているものもあるし、文脈を共有する者にしかわからないこともしゃべっている。だから読みたければ読めばいいし、読みたくなければ読まなければいい。あとは自分がしたことを忘れないための記録です。

最近は忘れっぽくなって、礼拝をしたこと自体を忘れてしまうので、礼拝したあとに、そのことをツイッターにメモしておきます。あとで「あれ、礼拝したかな？」と不安になったときに見直すと、ああ、したんだとわかる。そういう使い方です。まさに自分だけのためのつぶやきで、誰も見る必要がない。あとは、人のつぶやきで使えそうなものに「いいね」しておくくらいです。

自分の言いたいことを書くこともありますが、それも基本的に独り言なので、わかる人だけわかればいい。わからない人は当然わからないので、それで何か言ってきた人にも、とくに対応しない。しつこい人はブロックして終わりです。ただ、いままでそんなにからまれたことはありません。私はフォロワーがいま一万九〇〇〇人くらい（二〇一八年六月現在）いるのですが、自分のタイムラインに出てきた人でブロックするのは月に一人あるかないかです。直接何か言ってくる人は、ほとんどいません。私のツイートをリツイートして、自分の言葉で「こいつはこんなことを言っている」という反応はたくさんあるでしょうし、2ちゃんねる（現在は5ちゃんねる）とかではいろいろ言われているのでしょうが、私はエゴサーチしないので見ていません。興味もありません。

ツイッターでの議論は無意味

ツイッターのフォロワーというのは、言ってみれば宗教でいう信者に近いと思っています。こちらもフォローしている以上は、たとえ相手のツイートにわからないところがあっても、それは自分の理解が足りないだけだというふうに考えます。言葉を補えば理解できるはずである、という前提です。神学者とはそういうものなんです。『クルアーン』でも、その一部だけを取り出せばわからないことはいくらでもあります。理解できないこと、意見が合わないことのほうがむしろ多い。にもかかわらず、それが正しいという前提で、では、どうすればその言葉が正しくなるのかということを考えていくのが神学者の仕事なんです。

ですから、ツイッター上での議論もいっさいしません。短文なので、わかるはずがないんです。わからなくてもかまわない。でも、おまえの言っていることは、わからないといって相手をののしったりするのは、ののしるほうがバカなんです。言い争いをつづけること自体が愚かなんです。たまにそういうのがいますが、それには対応せず、バカ認定してブロックして終わりです。

私は人文科学者なので、何年もかけて何百冊もの難解な古典を読解し、何ヶ月もかけて論文を書いたりします。それは同じ分野の専門家が読んだって、なかなか理解できるものではありません。それを一冊の本すらまともに読んでもいない素人がツイッターで何か言ってきたところで、まともな議論になるわけがないんです。議論することと自体がバカバカしいと思います。

ただし、ツイッターで話をしている以上は、そこにはツイッターのルールが前提としてあります。第一に言葉が読めて書けることです。そして嘘をつかないことです。相手がどんな価値観をもっているかは関係ありません。基本的には言葉が通じる相手であればどんな価値観をもっていても共存は可能です。

共存が可能とは「わかり合う」こととは関係ありません。わかり合えることもあるかもしれませんが、わかり合えないこともある。そのことが言葉のルールを守ることによって明らかになるんです。

「話せばわかる」ではなくて、「話すことはできる」ということです。話した結果どうなるかは別として、とりあえず話すことはできる。そのためには「嘘をつかない」というルールを守らなくてはならない。「私はあなたを殴りません」と言っておきながら殴るのはルール違反になるわけです。

言語というのは理解とは関係がありません。言葉は、あくまでも生きるためにつくられている、そのための道具でしかありません。意味なんてものはあんまりないんです。「わかる」という言葉の意味も決まっているわけではない。基本的に殴ってこなければ「わかっている」と思っていい。その程度のものです。

教育するとバカになる

いまの人は、わからないことに向き合うことが苦手になっているように思います。わからないものがあることを教えるのが、いちばん重要なんです。昔はそのことを理解するために古典教育があった。子どもが古典を読んだって理解できないのは当然です。でも、古典を読むことによってわからないものが存在することがわかる。それがいちばんだいじなんです。

ところが、いまの教育は、バカでもわかる程度のことだけ選んで、その正しい答えを教え込もうとする。それではバカになるわけです。教育によって賢くなるのではなく、教育によってバカになっていく。いま学校で行われている教育のほとんどがそうです。教育しなければバカにはなりません。自分はわかっていると思いませんから。でも、教育してしまうと、わかってもいないのにわかっていると勘違いするようになる。それがバカになるということです。教育をして、バカを量産しているわけです。

西洋近代の科学信仰も同じです。それは、すべてのことがわかるはずである、わからないことも科学によってすべて解明されるであろうという信仰です。イスラームでは神はすべてを知ってるけれど、人間は知らないというのが大前提にあります。知らないこと、わからないことがあるのは、ちっともかまわない。知らないのもバカなんですけれど、知っているつもりというのはもっとバカなんです。

先ほど申し上げたように、わかるということ、理解するということは、じつは言葉にとってそれほど重要なことではありません。理解していなくたって、普通の人間はある程度コミュニケーション可能だし、コンビニで買い物もできます。コンビニで「これ」とか「おい」と言えば、言語だけでは意味がわからなくても、相手はこちらの言いたいことをなんとなくわかってくれます。

わかるということを重大視し過ぎるのでつらくなるんです。コミュ障（コミュニケーション障害）というのもそうです。あれは自分が理解されていないとか、理解してもらえないということから生じる苦しみです。しかし、他人のことなど理解できるわけはないし、自分のことも他人に理解できるはずはないんです。わかっている、理解しているという思い込みこそが、じつはコミュニケーションを妨げているんです。

学校は洗脳機関

教育するとバカになると言いましたが、学校とは要するに洗脳機関です。良い悪いという話ではなく、事実としてそうなんです。洗脳と聞くとカルト宗教のようなものを連想して、怖いものだ、良くないものだと思われがちですが、重要なのは「洗脳はあるものだ」という事実を見ることです。良い悪いはそれとは別に判断すればいい。

これはテロだって、暴力組織だって、ヘイトスピーチだって、みなそうなんです。社会科学とは本来そういう価値中立的なものでなくてはならないのに、すぐに良い悪いの判断になってしまう。価値と事実をいっしょくたにして話を混乱させる。

たとえば、ヘイトスピーチにしても、あれを規制しなくてはいけないとは私は思いません。自由を尊重するというのであれば、嫌いなものを嫌いだと言っても全然、かまわない。言論の自由をうたっている以上、何を言ったっていい。「事実としてまちがっている」という人がいれば、気づいた人がまちがいを指摘すればいい。

けれども、ヘイトスピーチがいけないという人は、たいてい自分は何もしないで、ああいうのはよくないから取り締まれと言う。路上で死にかけている人がいてかわいそうだ、というのなら、そう思う人が助けるべきなんです。それをしないで国に「取り締まれ」とか「制度をつくれ」というのがおかしい。

その意味では、私は徹底して新自由主義論者で、自己責任論者です。ただ、この社会では公人といわれている人たちが平然と自己責任を主張する。本来なら大きな責任を担うべき政治家のような人たちが、自分が責任を負わず、弱い者に責任を押し付けるために自己責任論を唱えるという本末転倒な状況が起きているのです。

政治家や実務家は職業上、その行動に矛盾が生じてもやむをえない場合もあるでしょう。しかし、少なくとも、言論人や研究者は矛盾をきたしたらアウトです。では、アウトでない言論人や学者がどれほどいるでしょう。残念ながらほとんどみんなダメ。整合性がなくて、言行不一致です。もちろん理論的にまちがっていても、実用的に使えるものはあります。でも、学問としてはそれではダメです。バカです。

バカとは、自分をヘビだと勘違いしたミミズ

先ほどからバカ、バカと言っていますが、いったい「バカ」とはどういうことか。それは基本的に自己認識の問題です。自分自身が思っている自分と、実際の自分自身

とがちがうことに無自覚である。これがバカです。

これはかならずしも人間である必要はなくて、たとえばミミズでもいい。自分がミミズであることがわかっていれば何の問題もなく、土の中で平穏に一生を送れるわけです。ところが、そこにひじょうに優れたミミズが現れたとします。身体能力もすごく高くて、周りのミミズの間でもこいつは神童だ、と言われるくらい頭のいいミミズであったとしましょう。そのミミズが、自分は優秀だからヘビにちがいないと勘違いして、「俺はこれからカエルを食べに行くんだ」と言って地面に出てきて、池に行ってカエルを食べようとしたとしましょう。でも、いくらずば抜けて身体能力が高いミミズでも所詮はミミズですからカエルを食べようとして、逆に食べられてしまっておしまいです。

これはたとえ話ですが、要するに自分が頭がいいとか、身体能力が高いとかいうのはあまり重要じゃなくて、自分の能力をちゃんと理解して分相応に生きるのが賢いということです。人間であっても、ミミズであっても、そこをまちがえると、どんなに身体能力や知的能力が高くてもバカなんです。自分が賢いと錯覚したバカな人間は分を知ったミミズにも劣ります。そういう意味で今の世界の教育はバカをつくっているんです。分不相応に自分ができると思っている人間をつくっている。

世の中には「夢は叶《かな》う」みたいな言い方で、中途半端に「できそう」と思わせて煽るような情報が蔓延《まんえん》しています。金持ちになれるとか、もてるとか、宝くじや競馬などのギャンブルと同じで、たまには当たることもあるでしょう。だから、自分でもきっとできそうだと思ってしまう。でも、全体としては金持ちになれないし、ギャンブルも当たらない。でも、当たりそうだと思うことで、自分にはできるのだと勘違いする。自分の能力と、実際にできることがずれていく。

夢というのは、けっして実現できそうもない、途方もないものであったほうがいいんです。たとえば、世界征服とか、そういう叶いそうもない理想や夢を、子どものときからしっかりと抱えて生きていく。そうすると、やっぱり自分は神ではないということがわかって分相応に生きられる。でも、そうはなっていない。ニンジンをぶら下げて、前しか見ないのが夢のある生き方みたいにとらえられている。でも、それはたいていの場合、人を不幸にするんです。

答えなんかない

絶対叶わない夢を見るというのは極端に聞こえますが、それは「何にでも答えがあるはずだ」という幻想をもたないためです。今の時代、いろんな人間が「こうすればよくなる」という話をしますが、実際は世の中のたいていのことには答えはありませ
ん。「これが答えだ」と思うと、まずうまくいきません。
「こうすればいいはずだ」と思っても、それを実践していく過程についてはあまり考えません。政治もそうです。たとえば政権の批判でよくあるのが「問題を起こさないためには透明度を増せばいい」といった議論です。しかし、透明度を増すために何をやらなくてはならないか、ということはまず議論されない。なぜなら、それを実現しようとすると、やらなくてはならない膨大な仕事が出てくるからです。代案を実践すると、たいていは、さらに煩雑になります。「透明に」とか「シンプルに」という「民意」を反映するためには、今よりもいっそう込み入った、ややこしい手続きが必要となってくるものなんです。
「ピーターの法則」といわれる社会学の法則があります。これは能力主義の階層社会ではいずれ全員が無能になるという法則です。組織の中で能力のある人は昇進しつづけますが、地位が変わると求められる能力も変わるのでやがて自分に合わない職につき「無能」になる。無能になった人はそこでとどまって管理職になり、またあとから有能な人が昇進し、無能になったところで昇進が止まる。こうして組織の上層部は無

能な人々の集まりになり、各階層が無能の人たちで占められるというものです。政策決定者や意思決定者にバカが多いのはそのためです。

民意というのはバカなんです。統計学で正規分布というのがあります。これは平均付近がいちばん数が多く、平均から離れるにしたがって数が減っていくことを表す左右対称な釣鐘型の分布です。民意というのは、この平均付近の数のいちばん多いところなんです。

賢い人間なんてほんの一握りしかいません。大半の人間はバカなわけで、バカの意見を集めた民意がバカなのは当然です。民主主義になると、バカがバカの代表を選んでバカの意見が政治に反映されるようになるので、まずうまくいかない。そういう身も蓋《ふた》もない現実を認識するところから始めるしかないわけです。

これまでにも何度も書いてきましたが、民主主義というのはどこにも存在したことはありません。歴史的に見ると、フランス革命のあとで、バカな大衆を味方につけるために支配者たちが、バカな大衆を「主権者」だなどという耳当たりの良い嘘でだまして、実際には一部の人間が権力を握っただけのことです。

民主主義とはいっても、実際には、選ばれた一部の人間が大衆を支配しているだけです。それは民主主義ではなく、正確にいうなら制限選挙寡頭制です。つまり年齢や居住地といった条件で制限された選挙人が選んだ特定の少数者が権力を握っている政体です。彼らが「大衆こそが主権者だ」とおだてて、いいように支配しているのが、いまの民主主義と呼ばれているものの正体です。

建前では人民に主権があると言っているので、一応それに合わせるような議論をしているのですが、そうするとどんどん現実からかけ離れていきます。それによって民衆はますます現実から遊離して、衆愚性が広まっていく。バカな人間が「こうすればよくなる」と騒げば騒ぐほど、政治家と官僚の権限が強まっていく。「説明責任」とか言いだすと、無駄な会議とその記録を残す手間が増え、また外部監査の名目で、何も生み出さず他人の仕事を増やすだけの役人がまた増殖することになり、それこそ膨大な無駄な仕事が増える。そのためにまた新しく官僚が雇われて、かえって自分たちの首を絞めていくのです。

国民が主権者となってものを決める、というのは、現実的に不可能なんです。民主主義などというものはたとえそれが十人の集団であっても機能しません。十人全員がじっくり自由に議論して、それで何かが決まることすらきわめて困難です。最初から権力関係があり、そのうえでさらに根回しをしておいて、なんとか決めるというのが現実です。十人でもできないことが、大きな集団で機能するわけがありません。

あなたが不幸なのはバカだから

それでも一応民主主義を名乗っている国のほうが政治的にはましだという見方もあるでしょう。たしかにシリアとかイラクとか、アフリカの独裁国家などに比べれば、日本はかなりましです。

でも、それは民主主義のおかげではありません。先ほどから申し上げているように、民主主義というものは世界のどこにも存在していません。実際に存在するのは欧米であれアジア・アフリカであれ制限選挙寡頭制だけです。私は制限選挙寡頭制自体は別に否定しません。選挙に勝った人間は基本的に何をやってもいい。それが制限選挙寡頭制です。いま民主主義国家といわれている国は実質的には制限選挙寡頭制をとっている国家です。

制限選挙寡頭制の本質は二つあります。一つは投票の秘密が守られること、もう一つはその結果が反映されることです。シリアやイラクでは秘密投票が守られておらず、反対すると殺される。そこがちがうだけです。それさえ実行されれば、あとはまかせた以上は好きにやってかまわないんです。多数であれば、審議拒否したっていい。

問題は、そのシステムに民主主義という口当たりのいいイデオロギーをかぶせてしまっていることです。それによって大衆に「自分たちが主権者だ」という愚かな幻想が生まれます。バカというのは自己認識の誤りから始まります。「自分たちが主権者」だという思い込みは、自我が肥大しているだけですから、それを維持しようとすればするほど不幸になる。自分をヘビだと思い込んだミミズが、「われわれにカエルを食わせろ」と騒ぐようなものです。

つまり、ミミズが自分をヘビだと思うから不幸になる。それをバカと呼ぶならば、バカだから不幸になる。「あなたが不幸なのはバカだから」なんです。

しかし、上の世代の人間に比べると、いまの若い人たちには、そういう幻想がなくなってきたように思います。上の人間がイライラしても、悟り世代といわれている若い人たちはけっこう幸せだったりする。自分たちが主権者だなどと思っていない。

いま日本ではアルフレッド・アドラー（オーストリア出身の精神科医、心理学者。一八七〇〜一九三七年）の心理学が流行していていますが、私が学生だったころはほとんど知られておらず、本も一冊しかありませんでした。私の世代だとジークムント・フロイト（精神分析の創始者。一八五六〜一九三九年）がまだよく読まれていて、私も好きで精神分析関係の本をけっこう読みました。あと、アドラーに近いのですが、思想家・精神分析学者のフランクルも好きでよく読んでいました。ヴィクトール・フランクル（オーストリアの精神科医。一九〇五〜一九九七年）は自分の収容所体験にもとづいた『夜と霧』でよく知られていて、ロゴセラピーという心理療法を開発しています。

ロゴセラピーは、ありのままの世界を見るように導くことで、クライアント自身が生きる意味を見出せるようにするものです。まとめて言うならば、バカな人間には「バカ」と言って、バカであることを自覚させればバカが治るというものです。アドラーもそれに近い。理論的に考えていけば、コンプレックスや承認欲求に実体がないこともわかるという話です。その意味でアドラーやフランクルは、バカにつける薬といえるかもしれません。

「テロは良くない」がなぜダメな議論なのか

人間が理解できることはひじょうに限られています。世の中には「こうすればこうなる」的な情報が蔓延していますが、実際は世界は複雑系なので、ほとんど通用しません。たしかに、日常生活ではそれでうまくいくこともあります。コンビニでお金を出せば、商品を売ってもらえる。そのレベルならいいのですが、日常のレベルを超えたことについては、「こうすればこうなる」とはいえない。にもかかわらず、そういうことを推奨するハウツー本がたくさん出ています。あれは書くほうも買うほうもバカなんです。でもバカは数が多いから、商売になる。

バカがいけないというのではありません。バカでちっともかまわないのですが、自分がバカである自覚があるかどうかが、バカでも不幸にならずに生きられるかどうかの鍵なんです。

たとえば、バカは良くないという議論と、テロは良くないという議論は同じなんです。学問というのは、そもそも価値中立的なところから議論を始めるのが前提です。その議論のあとに価値に関する議論をあらためてするものなんです。しかし、学問的議論の中に価値論が入ってきたら話になりません。「テロは良くない」というのは、学問のあとでする話です。良いか悪いかを言う前に、まず「テロとは何か」を議論しなくてはならない。最初から「テロはよくない」という価値観を持ち込んでは客観的な学問はできません。

ところが現状では、「テロは良くない」という話から始まってしまう。そうすると国家の行っている暴力行為は最初からテロから除外されてしまうので、ひじょうに恣意的な定義になってしまう。

テロを簡単に定義するならば、それは恐怖を背景にして、政治的な目標を達成しようとするものです。自分たちは正しいという前提の下で、それを実現するために恐怖を用いる。大量殺人や無差別殺人自体が目的なのではなく、あくまで政治的な目標の達成をめざすものです。仮に圧倒的に強力な権力をもっているならば、無差別殺人などする必要はありません。恐怖を与えればそれで目的は達成されますから。

ですから、いったん独裁的な革命政府が成立してしまえばテロは減ります。イスラーム国にしても、最初は恐怖を煽《あお》るために首を切る映像をたくさん出していましたが、数の上ではどんどん減っていきました。首を切っても一回に殺せるのは一人です。大量破壊兵器に比べたら、はるかに殺傷効率が低い。恐怖を与えて反乱を防ぐために、それを大げさに宣伝して政治的な目標を達成しようとしたわけです。それがイスラーム国の支配が安定するにつれて処刑映像もめっきり減りました。

国家が無差別殺人や大量殺人をしないのは、権力が強大なので、そんなことをしなくても政治的目標を達成できるからです。その巨大な権力を背景に議論や交渉でも相手に圧力をかけられます。それでも、どうしても状況が打開できないときには戦争という手段をとります。そこでは首切りなどとは比べものにならない大量殺戮が行われます。それは国家が本来暴力装置であり、テロ組織だからです。

西洋の国家自体が、本質的には巨大なテロ組織であるにもかかわらず、テロをイスラームの専売特許であるかのように喧伝《けんでん》することは欺瞞《ぎまん》です。自分たちが行った大量殺戮《さつりく》には知らぬ存ぜぬを決め込むくせに、自分が殺される側にまわるやいなや、たとえ犠牲者が十人くらいであっても、テロだ、大事件だ、残酷だと騒ぎ立てる。十人の犠牲者などトータルの人口にはまったく影響ない誤差の範囲です。ニュースにして騒ぎ立てなければ、テロなんて誰もやらなくなります。ニュースにするから、またテロが起きるんです。

みんなちがって、みんなダメ

ミミズなのにヘビだと勘違いしているから不幸になる。でも、世間では逆のことを言います。「あなたは本当はタカなのにヒヨコだと思っている」などと言って自我を肥大させることで、かえって人は不幸になるんです。

ただし、これが逆だとお金は儲からないんです。「あなたはヘビではなくてミミズだ」「タカではなくてヒヨコだ」と言っても、みな喜びません。あなたはすごいんだ、バカじゃないんだと言われるから喜んでお金を出すんです。それが自己啓発などのやり方です。

「あなたは世界に一つだけの花だ」とか「みんなちがって、みんないい」とか言われれば悪い気はしません。でも、それは大きな勘違いです。本当は「みんなちがって、みんなダメ」なんです。だって、みんなバカなんですから。

でも、みんな自分がバカだと認めたくない。ダメだと思いたくない。それが問題なんです。ほとんどの人間はバカなんです。「本当は自分はバカじゃない、世界に一つだけの花なんだ」という思い込みこそがバカを不幸に追い込むんです。だれもが「世界に一つだけの花」というより「世界に一人だけのバカ」なんです。それを認めることがだいじなんです。

べつにバカでもいいんです。「バカは死ななきゃ治らない」といいますが、イスラーム的にはバカを治す必要はありません。たいていは治りませんから、むしろ「バカは死んでも治らない」が正しい。でも、バカだからといって天国に行けないことはありません。逆に、あんまりバカだと責任無能力者になるので、無条件に天国へ行けます。

イスラームでは、基本的に知識とか賢さも含めて、すべては預かりもの（アマーナト）なんです。ただし、それを正しく使わないと、むしろ地獄に行くことになる。どんな力もすべてもっていればもっているほど責任が重くなる。責任と能力はそのまま比例する。能力が大きいほど責任が重くなるというのが基本的な考え方です。だから何もないのがいちばんいい。貧しいほうが責任が少ない。預かりものが少なければ、責任もあまりない。そのほうが気楽に生きられるんです。

ただし、この場合の責任というのは、社会的な責任ではなくて神の前での責任です。イスラームでは最後の審判で、与えられた能力を何に使ったかを問われることになっています。あなたは、与えられたこういう能力を何に使いましたかと聞かれます。正しく使っていれば一応天国に行けるし、間違って使っていれば地獄に落ちる。

イスラームでは、人間が責任を負わなくてはならないのは神だけです。神に対して以外は一切責任はありません。神から命じられた場合にのみ責任が生じるわけです。たとえば、親が子どもを育てる責任があるというのは、神がそう命じているからです。それも最終的には全部、神に対する責任になります。

ちなみに子育てに関していえば、イスラームでは女性には子どもを育てる責任はないんです。責任があるのは男親です。もちろん女親がやってもかまわないのですが義務ではない。女親がやらなければ男親は乳母を雇うという形で責任を果たす。乳母を雇うお金がなければ、夫婦でなんとか協力してやるしかない。最終的に責任は男にあることになります。

「気づき」は救済とは関係ない

では、自分がバカだと気づくにはどうしたらいいのか。それには「あなたならできる」とか「あなたはミミズではなくヘビだ」といった囁《ささや》きに耳をかたむけないで、バカな自分をバカなままに見つめることです。

その方法として、たとえばいま流行《はや》りのテーラワーダ仏教のヴィパッサナー瞑想などは、それなりに効果はあるとは思います。これは自分の内面を評価・判断せずにただ観察しつづけるというもので、口当たりのいい信念を強化したりはしません。所詮人間が作った初歩的なものではありますが、その辺から始めるのは悪いことではないでしょう。イスラームでもスーフィズムにはそれに近いものがあります。

ただし、瞑想などでよくいわれる「気づき」みたいなものは、イスラーム的にはどうでもいいことです。「気づき」とか「癒《いや》し」とか「救い」とか呼ばれているものはイスラーム的な救済とはまったくちがいます。その手の「救い」に当たるものは、日本のような経済的に豊かな社会に暮らしていれば、すでに十分与えられているんです。ただ、バカだから気づいていないだけです。

たとえば、水道の栓をひねれば安全な水が出る、夏にコンビニに行けばただで涼しい思いができる、いきなり路上で爆弾が炸裂《さくれつ》することもないし、武装集団に襲撃されてすべてを奪われるということもめったにありません。

そういう世界に暮らしていて、これでそもそも幸せじゃないとか言っているのは、ただ鈍いだけです。そのことに気づいたからといって、たいしたことではありません。それを「救われた」「幸せになった」「悟った」などと解釈しているんです。でも、それはイスラーム的な救済とはなんの関係もありません。

それまで、そんなことに気づけずに不幸でいたとしたら、それはバカだったからです。先ほども言いましたが、不幸な人間というのは基本的にバカなんです。「気づき」で救えるものなど何もありません。気づきがあったからといって、アフガニスタンやシリアに行ってみれば、すぐにまた不幸になります。「気づき」にまったく意味がないとは言いませんが、それだけではただの気休めに過ぎません。承認欲求と同じく、それが満たされたあとに、何をするかがだいじなんです。そこに応えてくれるのはイスラームしかないんです。

賢さの三つの条件

バカの反対は賢さです。では賢さとは何か。前に私が山口大学にいたときに、そこのホームページに書いたのですが、賢さとは次の三つのことを知っているかどうかです。

「何をしたいか」
「何ができるか」
「何をすべきか」

この三つを知っているのが「賢い人間」です。賢さとは「分を知る」ことです。その反対に、分をわきまえないのが「バカ」です。

この三つはじつはフロイトの精神分析の枠組みに基づいています。フロイトは初め「現実原則」と「快感原則」の二つで物事を説明しようとしました。快感原則とはその名のとおり、快感の追求です。子どもは快感原則で動いています。「これがほしい」と言うと親がなんかくれたりします。幼児のうちはこれがすべてです。

ところが、しばらくすると、それが通用しなくなります。あれがほしいと言っても、聞いてもらえない。そこで出てくるのが現実原則です。こういう快感を得るためには、こういうことをやらなくてはならないという現実的な対応です。

しかし、さらにこれだけでは説明できないことも起きてきます、それが「超自我」という概念です。これは、自分でもなんだかわからないけれど「すべき」というもの。フロイトは、超自我は父親の権威が内面化されたものだと述べています。

つまり、「何をしたいか」が快感原則、「何ができるか」は現実原則、そして「何をすべきか」が超自我にあたります。

フロイトはのちに超自我を「父親」から「社会」へと結びつけます。そこから社会心理学へと展開していきます。のちにフランクフルト学派がフロイト理論を社会学に応用し、メラニー・クライン（オーストリア出身の精神分析学者。一八八二〜一九六〇年）やジャック・ラカン（フランスの哲学者、精神科医。一九〇一〜一九八一年）はその心理療法をさらに発展させていくわけです。

神がいなければ「すべきこと」など存在しない

話を戻すと、「何をしたいか」と「何ができるか」は事実の問題です。しかし、もう一つの「何をすべきか」はそうではありません。これは外からやってきて内面化された権威です。それは具体的には善悪に関わっています。

いまの日本の場合、父親に権威はないし、社会も「すべき」というより「そんなことすると恥ずかしいでしょ」という程度の圧力しかもちません。ですから、快感原則と現実原則、つまり「何をしたいか」「何ができるか」で考えれば十分幸せになれるんです。反対に「したくないこと」をしたり、「できないこと」を望んだりしたら人は不幸になります。

「何をしなければならないか」とは結局のところ善悪の問題です。善悪があるから、すべきこと、すべきでないことがはっきりします。

善悪の判断基準は究極的には神です。神だけが、人間や物事の善い悪いを判断できる。つまり、イスラームのような一神教への信仰がなければ「何をすべきか」という問いには応えられないのです。多くの現代人のように「神はいない」という立場に立つならば、「すべきこと」「しなければならないこと」は何もありません。「できること」だけを望んで、それをすれば幸せになれる。法律違反をしてもバレなければいいんです。その法律を根拠づけるものがないのですから。

それでも、みな「善悪がある」ふりをして生きています。でも、それは幻想です。

本人が「すべき」「しなければならない」と思い込んでいるだけで、そこにはなんの根拠もありません。「しなければならない」ことを根拠づけられるのは一神教だけなんです。

ですから、まずは「やらなくてはいけない」という幻想を打ち払うことから始めるしかない。本当はないのに、あるかのように扱われているものを、われわれはたくさん叩き込まれています。それらが現実以上に現実感をもってしまっているから苦しいんです。

その最たるものが自由や平等や博愛や民主主義です。また、それらも含めた広い意味での産業資本主義です。近代という時代のモデルは産業資本主義であり、社会はその仕組みに合う人間をつくるよう動いてきたのです。

十九世紀の終わり、フリードリヒ・ニーチェ（ドイツの哲学者、古典文献学者。一八四四〜一九〇〇年）は「神は死んだ」と言いました。それは「崇拝すべきものは、この世のどこにも存在しない」という意味です。ヨーロッパのキリスト教世界において「すべき」という強制力をもっていたキリスト教の神観念が、もはや権威を失ったことをニーチェは言ったのです。

今日「すべき」といわれているものは、たいてい誰かからの受け売りです。昔だと父親だったり、いまだとメディアだったり、学校だったりする。しかし、それらには何の根拠もないと気づくことが、ニーチェ的な意味での偶像破壊です。きちんと偶像破壊ができれば、偶像のいいなりになる必要がないとわかります。そこが出発点なんです。

ちなみに仏教ではその出発点が終点になっている。すべてが幻想だと知ることで終わっている。しかし、イスラームではそこを出発点として、何をするかがだいじなんです。

勤勉に働けばなんとかなる?

欧米と日本を比べたとき、日本の特徴の一つは農耕社会にあります。農業では基本的に働けば働くだけ実りがある。もちろん干ばつや天候不順もあるものの、その作業は季節のめぐりに合わせて毎年同じことを繰り返します。こうすれば、こうなる。とりあえず、それをつづけていけばなんとかなる。農業には、そういう循環への絶大な信頼感がある。

もちろん臨機応変な対応が必要なときもありますが、大きく見れば、その世界観はマニュアルやハウツーの世界に近い。そうした体質はサラリーマン社会になっても継続しています。勤勉にこつこつと続けることによって決まったサラリーがもらえる。そうやって、自分たちはこの国を支えているという自負も生まれる。

でも、日本の農業がそうした安定した世界観に結びついたのは、日本に騎馬民族の襲来がなかったためです。ユーラシア大陸では騎馬民族の襲来は一大事でした。騎馬民族に襲われると、それまでの暮らしはすべてひっくり返されます。家も家族も家畜も畑も、長年かけて築いてきたものが一日で根こそぎにされる。勤勉に働いていればなんとかなる、という見方はそこでは成り立ちません。「こうすれば、こうなる」というものではないのです。

西洋にも農耕文化はありますが、彼らの考え方のベースには、牧畜や遊牧の文化も強く影響しているでしょう。さらに遡れば、狩猟採集の文化もあります。このうち農業と工業は親和性が高いんです。両者は一見対極に見えますが、こつこつと同じことを継続するという点では構造的によく似ています。時間どおりに出社する人間や機械的に動く人間がよしとされるという点でも共通しています。これらが結びついて産業資本主義という西洋近代の基礎をなすモデルとなりました。

一方、イスラーム社会のモデルは牧畜－商業社会です。農業と工業が結びついて西洋近代のモデルになったように、牧畜は商業と結びついてアラブ・イスラーム世界のベースをなしていきます。牧畜－商業社会とは交換で成り立っている社会のことです。農業国であるエジプトの農村においてすら「これいくら？」と聞かれるのはしょっちゅうだし、「それとこれを交換しないか？」と聞かれるのもふつうです。

最近は日本でも農家が直接販売をするようになりましたが、イスラーム社会ではそれは昔から当たり前のことでした。でも、農業ベースの産業資本主義については、イスラーム世界は後れをとったわけです。もっとも最近では西洋の産業資本主義が行き渡ってきて、口先だけの商業社会になっていますが。

最近は「ノマド」などという言葉を用いて遊牧的なライフスタイルの時代だといわれることがあります。しかし、むしろ、これからだいじになってくるのは狩猟採集民的な生き方かもしれません。狩猟採集は発展や蓄積をめざしません。「発展」に限界が見えてきている現代、何かを生み出すのではなく、すでにあるものを獲ってきたり、拾い集めたりして、それを仲間で分配するというスタイルは、先の見えない世界を生きぬくのに必要な生き方かもしれません。狩猟採集民は、自分がミミズなのにヘビだと思ったら生きていけません。ミミズはミミズとして分をわきまえて生きていく。自己認識がずれていると生き残れない。それが狩猟採集民的な社会です。

第2章 自由という名の奴隷

トランプ現象の意味

前の章で「バカとは何か」について話してきましたが、ここでは人間を「バカ」にしている大きな勘違いとして「自由」と「奴隷」というテーマについてお話ししたいと思います。「自分は奴隷ではない」「自分は自由である」といった類の勘違いです。

じつは自由にこだわるほど、人間は奴隷化します。逆に奴隷であることが必ずしも自由と矛盾しないこともある。それをはきちがえて、自由と奴隷を対立的に見てしまうのが「バカ」だともいえます。

さて、バカという観点から現代を考えるうえで、シンボル的存在としてドナルド・トランプの話から始めたいと思います。

いったいトランプの登場によって、何が変わったか。はっきり言えるのは、アメリカが唱えつづけてきた「自由」というものが幻想だと明らかになったことです。アメリカだけでなくヨーロッパでもそうだし、世界全体で自由という幻想が崩れてきています。

オバマ政権のときは、少なくとも、アメリカは自由な世界なんだという建前は崩していませんでした。オバマは言行がすごく不一致だったのですが、オバマの言葉を聞くかぎり、いかにも素晴らしそうに見える。おかげで、アメリカは自由な国だという幻想をかろうじて維持してきた。でも、トランプ政権になって、その幻想はすっかりなくなってしまった。

その流れの一つのきっかけとなったのが、二〇〇一年に起きたオサマ・ビン・ラディン（サウジアラビア出身のイスラム過激派テロリスト。一九五七頃〜二〇一一年）による9・11同時多発テロだったと思います。イスラーム武装闘争派の文脈でいうと、ビン・ラディンは従来の闘争の方向性を変えた人物です。それまでのイスラームの闘争は、エジプトの「ジハード団」みたいに国内の為政者を革命で倒そうとしていました。ところが、それがあまりうまくいかなかった。そこで、ビン・ラディンは、アメリカやイスラエルと戦うという、わかりやすい運動にシフトしたのです。

私自身は異教徒と戦う前にイスラーム世界を浄化し、カリフ制を再興すべきとの立場ですので、ビン・ラディンのやり方に対して批判的だったのですが、トランプが登場したことで結果的にビン・ラディンは成功したというか、ビン・ラディンの戦略が正しかったことが証明されたという気がしています。

9・11が起きたとき、当時のブッシュ大統領は、「ビン・ラディンは、われわれの自由が嫌いなんだ」と言いました。これはまったくの勘違いです。ビン・ラディンは自由を嫌っていたわけではありません。むしろ、崩れたのは、アメリカの「われわれは自由なのだ」という幻想のほうです。それがその後、アメリカだけでなく世界中に広まっていった。そのもっとも象徴的な出来事がトランプ現象だったといえるでしょう。

オバマ政権時代は、まだダブル・スタンダードが表向きは機能していました。アメリカは自由な国である、誰にでもチャンスが開かれている、という自由主義の建前にも一応の訴求力があった。しかし、オバマ政権は現実には規制を強化して、それの反対を行っていました。しかし、それが限界に達し、トランプ政権になったことで、オバマのダブル・スタンダードはもはや維持できなくなってしまった。それが現代の状況です。

世界が「平等化」する？

一九世紀から二〇世紀前半にかけては、将来の世界は文明が進んだ西欧の啓蒙《けいもう》によって「西洋化」すると考えられていました。当時の西洋化の理想は、自由・平等・

博愛というスローガンで象徴されます。世界全体が西洋化して、自由や平等や博愛が実現される。そう考えられていました。

ところが、そうはならなかった。自由も平等も博愛も、とても世界中に広まったとはいえない。中でもいちばん広まらなかったのが「平等」です。それを妨げていたのが近代の賜物である領域国民国家です。国民でなければ助けない。国民でなければ国に入れない。それが領域国民国家の規範です。

人間の命の価値はけっして平等ではありません。価値があるかどうかは国民と見なされるかどうかによって決まります。つまり、平等という価値観と、領域国民国家は、そもそも両立しないんです。

本当に平等にしてしまうと、移民がいっぱいやってきます。そうなれば、あっという間に、みな貧しくなってしまう。だから、移民は国境でせき止めておいて、自分たちだけでキラキラした世界をつくり、闇は理由をつけて外の世界に追いやる。ミャンマーのロヒンギャ難民を見れば、それがどういうことかは明らかです。

このようにして、領域国民国家は、とりあえず自分たちの中では平等が実現されているという体裁をつくってきたのです。しかし、それは欺瞞です。領域国民国家と平等はそもそも矛盾する価値観です。それがいまになって露《あら》わになってきた。逆にいえば、本当の意味での平等がいま実現されようとしているんです。

その平等とは、考えられていたように世界が西洋化するのではありません。逆に、西洋が第三世界的なものになっていくという意味での「平等化」です。つまり、みんな同じようなショボい国になっていく。そのような形で平等が実現されつつある。それを日本も含めて、一生懸命、止めようとしているのが現代です。

自由・平等・博愛はフランス革命のスローガンです。しかし、もともと啓蒙主義の考えに基づいた哲学的理念なので、現実的なものではありません。人間にとってだいじなのは自由・平等・博愛だといっても、では人間とは誰のことなのかということになると、じつはとても曖昧でした。ヒューマニズム（人文主義）という言葉はあっても、ヒューマン（人間）とは何かははっきりしていなかったのです。

一八世紀から一九世紀にかけてはアジアやアフリカの探検が盛んに行われて、世界のいろんな文化や民族についての知識が増えてきました。それらは博物学の研究や分類の対象ではありましたが、はたして西洋とはちがう文化や風習や風貌をもった人たちを、人間と見なしていいものかどうかについては議論がありました。「人間は平等」といっても、その「人間」に奴隷や黒人は含まれるのかもあやふやでした。自由・平等・博愛というスローガンは、そうした曖昧な土台の上に唱えられた哲学的理念でしかなかったのです。

努力しないと「平等」になれない

「人間は平等」というのは事実ではありません。それは、あくまで規範的な議論です。哲学の用語でいうと、これは「当為」にあたります。当為とは「こうあるべきである」という規範的な見方のことで、事実ではありません。「人間は平等だ」というのは「人間は平等であるべきだ」という話なんです。

しかし、そこを誤解して「人間は平等だ」というのを事実としてとらえると、まともな議論になりません。平等であるべきだからといって、事実として平等ではない人間を、本当にすべて平等に扱ったらたいへんなことになります。それは西洋人もわかっていました。だから、彼らは「あるべき平等」と、「あるべきではない平等」を区別しました。

平等と文明はセットです。「人類は平等だ」というスローガンには、「文明化された人間だけが平等に値する」という前提が隠れています。だから、平等は、じつは西洋文明の世界の中でしか成り立ちません。

啓蒙主義の文明論では、人間を三つに分ける見方がありました。いちばん上に文明人である西洋人がいて、その下に劣っているんだけれど、ある種の文明をもっている人たち、たとえば中国やイスラーム世界やインドの人たちがいる。この人たちは平等には扱わないけれど、ある程度の契約が成り立ちます。

しかし、さらにその下に未開人というか契約の成り立たない人たちがいる。この人たちは平等に扱う範疇《はんちゅう》ではないし、その文化も尊重に値しない。ただ、教育することによって人間に類するものとして扱うことはできる。アメリカ先住民やアフリカの一部の人たちは、そうやって扱われてきました。

明治になったとき、日本は西洋に平等に扱ってもらいたかった。そこで一生懸命「文明化」に努力しました。努力しないと平等にすらなれないんです。

この三つの分類は学問の分野についてもいえます。経済学や社会学や政治学は基本的には文明社会でしか通用しない学問です。中国やイスラーム世界やインドを扱うのはオリエンタリズム（東洋学）でした。そして未開の人たちを扱う学問として人類学がありました。

文明という言葉を使ってきましたが、一方で文化という言葉があります。文化と文明の違いとは何なのか。おおざっぱに言うと、文化はタイムスパンが短くて、局所的であるのに対し、文明はタイムスパンが長く、普遍的です。文明は広い地域を覆っていて、そのなかにいろんな文化がある。

たとえば、若者文化という言い方はできても、若者文明という言い方はしません。未開文化という言い方はしますが、未開文明という言い方はしません。個々の文化をもっている人たちを、ひとくくりにできるような普遍性のあるものが文明なんです。

一方で、文明には良くも悪くも、そこに含まれたローカルな文化を平準化していく力があります。それを文明の攻撃的な面と呼ぶこともできるでしょう。

「滅んでもかまわない」と「滅ぼしてしまえ」はちがう

私はイスラーム文明論者なんで、イスラーム的に誤ったものは滅んでもかまわないという立場です。ヤズィーディー教徒についても、イスラームからすれば誤っているので滅んでもかまわない。でも、だからといって、「滅ぼしてしまえ」というわけではありません。イスラームでは、「いきなり抹殺してしまえ」という方法はとりません。どちらかといえば、とりあえずゆるく差別しておいて、いずれ消えればいい。

でも、そこがなかなか理解されにくいんです。日本で「あれは滅んでもいい」と言うと、「それは差別だ」とか「暴力的だ」とか批判されます。それは自分たちの偏見の投影です。

たとえば、ゴキブリは滅んでほしいですが、断固滅ぼさなければならない、と思っているわけではありません。私の見えないところで静かに暮らしてくれるならば、生きていてもなんら問題はありません。「滅んでもかまわない」というのと、「滅ぼさなければならない」というのはちがう問題です。

イスラームの平等についての考え方について付け加えますと、イスラームでは、いちばん重要な区別は「創造主」と「被造物」です。創造主とはアッラー（神）、それ以外のものはすべて被造物。その意味では、被造物はすべて平等です。

では、その平等な被造物の間にちがいはないかというと、当然そんなことはありません。被造物はすべて平等といっても善い人間と悪い人間はいますし、奴隷と自由人のちがいもある。男と女、大人と子どももちがいます。一人ひとりを比べると、それぞれみんなちがっています。そのちがいは事実として存在しています。

「平等」の反対は「差別」だといわれますが、これも比べる対象がまちがっています。アラブの古い地誌学や博物学の書には「黒人は愚鈍である」といった記述があります。これを差別主義的だという人もいるでしょう。でも、この言い方が「平等」に反していわけではありません。「黒人は愚鈍である」のが正しいかどうかは別として、そういう見方があるという議論であって、「黒人が人間ではない」と言っているわけではありません。

一方で「黒人も白人も平等である」というのは、人間であるという一点において平等なのであり、それ以外にはちがっている点があるのは当然です。

自由とは「奴隷でない」ということ

トランプの登場で、自由という幻想の正体が暴かれたと言いましたが、自由という観念はたいへん曖昧なものです。自由というと、無条件に、あるいはなんとなく良いものであるというイメージがあります。しかし、何にも束縛されない自由という発想はイスラームには元々ありません。アラビア語には西洋的な意味での「自由」にあたる言葉はありません。アラビア語で「自由」を表す「フッリーヤ」という語は、「奴隷ではない」という意味でしかありません。

西洋社会では、自由や人権という概念は、民主主義の根幹をなすとされています。しかし実際はそんなことはありません。自由も民主主義も人権も、実際は存在していないのですから。西洋は、存在していない幻想を、あたかも存在しているかのように崇めたてまつってきたのです。

では、実際には、西洋民主主義社会を支えているのは何か。それは自由でも、人権でも、平等でも、民主主義でもありません。現実的に西洋社会の基礎をなしているのは領域国民国家というイデオロギーです。これこそが西洋を支えるもっとも重要な価値観です。

初めに申し上げたように、領域国民国家というイデオロギーは、西洋がうたっている自由や平等や人権とは、明白に矛盾する概念です。シリア難民やロヒンギャ難民、北朝鮮からの脱北者を苦しめている元凶は、国家という枠です。国家という枠組みこそが、彼らの移動の自由を侵害し、彼らの命を脅かしているのです。

国家に歯向かえば、いや歯向かわなくても国家にとって都合が悪いと判断されれば、自由も平等も人権も容赦なく奪い取られます。自由などもともと存在していないただの幻想ですから、奪い取ることなどかんたんです。今の世界を見れば、それこそが国家の実態であることが、よくわかります。

西洋とイスラーム世界の奴隷制のちがい

「自由」が幻想であることは、われわれの身の周りを見れば気づけるはずです。日本も含めて西洋型の社会は、現実にはちっとも自由ではありません。長時間労働、搾取、労働力の使い捨て、過労死の問題など、自由の対極とされている奴隷的な環境はいくらでもあります。

さきほどアラビア語では「自由」とは「奴隷ではない」という意味だと言いました。「奴隷」というと、ひじょうに良くないイメージがありますが、そこにも思い込みの罠《わな》があります。イスラームにも奴隷制はあるのですが、そこにはイスラーム法にのっとったイスラーム的に正しい奴隷制とそうでない奴隷制があります。

正しい奴隷制といっても、奴隷制に変わりはないと思われるかもしれません。しかし、少なくとも西洋のように、黒人は劣った人間だから奴隷にしていいという考えはイスラーム世界にはありませんでした。黒人に対する偏見やステレオタイプな見方はあっても、初めから、人間には奴隷に生まれついたものがあるという古代ギリシャ以来の西洋の考え方に基づいて、黒人は劣等人種、生まれながらの奴隷なのだから、こいつは黒人だから奴隷にしていいという発想はイスラームにはありません。その意味では西洋よりも「平等」な人間観といえます。

アメリカのような奴隷に依存した経済もありませんでした。基本的にイスラームの奴隷は家内奴隷です。アメリカの南部のプランテーションのように、奴隷を働かせて利益を上げることはありませんでした。唯一、九世紀後半のイラク南部で酷使された黒人農業奴隷の反乱（ザンジュの乱）が記録されていますが、きわめて例外的でした。

イスラーム世界ではむしろ奴隷は解放するためにいると考えられていました。イスラーム社会は奴隷の解放をせまる圧力が強かったんです。奴隷を解放しなければならない行為も法的に定められていました。たとえば、ラマダン月の日中、性行為をした場合、誓いを破った場合などは、奴隷を解放しなくてはなりませんでした。奴隷の解放はイスラーム的には善い行いとして推奨されていたのです。

人を勝手に捕まえてきて奴隷として売り飛ばすこともできません。イスラーム法には奴隷のつくり方の規定はなく、あるのは解放の仕方なんです。人が奴隷になる局面は債務を負った者、および戦争捕虜です。とはいえ、同胞を債務のかたに奴隷にはできませんから、奴隷になるのは基本的に異教徒です。イスラーム社会は異教徒の存在を前提として成り立つ社会です。異教徒との戦争がなければ奴隷も生まれません。

また、奴隷になったからといって、低い地位に甘んじていなくてはならないわけでもありません。自由身分になれるチャンスはたくさんありました。十世紀頃には中央アジア出身のトルコ系を中心とする解放奴隷がイスラーム世界の軍事力の主力になっていました。その後も、インドの奴隷王朝（一二〇六～一二九〇年）、エジプトのマムルーク朝（一二五〇～一五一七年）のように奴隷出身者がスルタンになって王朝を開いた例もあります。生まれながらに劣った人種だから奴隷にして良いという発想はなかったのです。

神の奴隷、人の奴隷

では、イスラーム的な奴隷になるとどうなるのか。かんたんに言うと、奴隷は一般人に比べて選択の自由が狭くなります。移動や結婚も思うようにできません。また、主人の持ち物ですから売買されます。その意味では「物」なのですが、イスラーム法に反することは命ぜられません。預言者ムハンマドは、主人は奴隷と同じ服を着て、同じものを食べよ、との言葉を残していますし、奴隷の主人には扶養義務が生じます。礼拝の時間を与えずに仕事をさせてはいけないし、礼拝もともにします。イスラームには、神の前では平等という基本的な前提があります。主人と奴隷の関係だろうと、その一線を超えることはありません。

つまり、イスラームでは奴隷はふつうの人間です。それは欧米の歴史の中でイメージされる奴隷とは社会的な位置も役割も大きく異なります。イスラーム的な奴隷制と、非イスラーム的な奴隷制があるのに、同じ奴隷ということでいっしょくたにされているために誤解が生じるのです。

奴隷は英語ではスレイブ（slave）、アラビア語ではアブド（ʻabd）といいます。ともに日本語では奴隷と訳されますが、この「奴隷」という字もよくない。「どれい」という響きといい、画数の多い「隷」という漢字といい、意志をもたない木偶《でく》のようなイメージです。実際、アメリカのプランテーションの黒人奴隷などはそういう存在に近かった。

しかしアラビア語で奴隷を意味する「アブド」は人名にもなっているくらいです。イスラーム圏では、アブドという名前の人はそこいら中にいます。

アブドは、アブドッラー（「アッラーのしもべ」）の略語です。ほかにもアブドゥッラフマーン、アブドゥルカーディルなど、アブドがつく名前はたくさんあります。いずれも「神に仕える者」という意味で、人間の誰かの奴隷という意味はありません。「神に仕える」「神の務めを果たす」という意味で、奴隷とは神のサーバントなんです。

公式には、現代世界には奴隷はいないことになっています。しかし、奴隷制が廃止されたといっても、ペルシャ湾岸諸国に出稼ぎに来て奴隷以下の扱いを受けている人たちはいくらでもいます。奴隷はいないというのは、言葉の魔術に過ぎません。定義の仕方しだいでは、現代にもいくらでも奴隷はいます。オーストラリアの人権団体「ウォーク・フリー・ファウンデーション（WFF）」によると、二〇一六年現在、世界には成人と子どもを合わせて四〇〇〇万人以上の奴隷が存在しているといいます。

日本でも、奴隷と社畜とでは何がちがうのでしょう。少なくともイスラーム世界では奴隷であることで主人と自分との権利が法的に守られ、生活の保障も確約されました。自由というと聞こえはいいですが、日本ではブラック企業が横行し、生活保護は制度はあっても窓口で門前払いされることが珍しくありません。自由をいいことに、生活の保障がないうえに労働者の使い捨てがまかり通っている社会が、はたして本当に自由な社会なのか。むしろ、生活を保障された奴隷のほうがはるかに良いと感じる人もいるのではないでしょうか。

西欧や日本のような豊かな国ならばまだしも、世界全体を見れば自由が悲惨な事態を招くケースは事欠きません。イスラーム的な奴隷制がないことによって、法の目の届かないところで闇の奴隷売買が行われることのほうが危険です。

ところが自由社会は、誰もが自由である権利を有していて、誰の奴隷でもないと思い込ませます。現実はまったくそうなっていないのに、そうした幻想を信じ込まされることで、現実の人間が実質的に奴隷化されているという本末転倒なことが起こっています。

サウジアラビアの元奴隷はどこへ？

人間社会に不平等が存在するように、奴隷制もまた自然にあるものでした。イスラームの奴隷制とは、あったものを追認しただけなんです。奴隷がいないところで人を奴隷にするには異教徒相手の戦争しかない。「奴隷にしてください」と言われても、それはできない相談です。

イスラーム社会でも現代は奴隷制は廃止されています。最後まで奴隷制を保持してきたサウジアラビアが奴隷制を廃止したのは一九六二年です。ですから、サウジにはかつて奴隷だった人が今も存在します。

ところが、意外なことに、その人たちの話をほとんど耳にしません。私はサウジに滞在していたとき、悲惨な裏話をいろいろ耳にしました。小さな男の子が砂漠で強姦されて殺されたとか、外国人労働者がひどい扱いを受けたとか、ほかにも女性に対する性的虐待やサウジの王子の悪事の話など、悪い噂話は枚挙にいとまがありません。

でも、元奴隷について、そういう噂話を聞いたことはありません。もし奴隷が悲惨な生活を送っていたのなら、それについての告発が行われたり、回想が語られたりしても不思議ではありません。アメリカの場合は、奴隷制が廃止されてから、いかに奴隷がひどい扱いを受けたかという話がたくさん出てきました。それらを題材にたくさんの小説や映画が作られているほどです。

しかし、私の知るかぎり、イスラーム世界で奴隷制が廃止されたあとに、奴隷であったときの虐待などが社会問題になった例は聞いたことがありません。むしろ、奴隷制がなくなった現代のほうが、外国人メイドの虐待やレイプ殺人といった悲惨な事件が増えています。イスラーム的な奴隷制が機能していた時代のほうが、そういうことが少なかったと思います。

奴隷であったことを恥じて口にしないわけでもありません。前の在米サウジアラビア大使だったバンダル・ビン・スルタン王子がエチオピア人の婢《はしため》の子であることは誰でも知っていましたが、それで差別されることはいっさいありませんでした。イスラーム世界で奴隷であることは、恥でも屈辱でもなく、一つの身分として社会構造の中に位置を占めていたのです。

人間の機械化こそが奴隷化

人間がけっして自由な存在ではないことは、「制度設計」という観点からも考えられます。制度設計とは、人間を人間として成り立たせている条件です。

人間には生きやすい範囲というものがあります。自然環境でいえば、たとえば水の中や、空気のない宇宙では生きられません。自分は自由だから水の中で生きるぞといって海に飛び込んだら溺れてしまいます。

また、人間同士の関係でいえば、知らない相手をいきなり殺したりはしません。山賊のように相手を殺して金品を奪うなどの目的がある場合はそうとはかぎりませんが、基本的には、他人に会ったらいきなり襲いかかるというふうにはできていません。同様に人間同士が共食いし合うようにもできていません。そうしたもろもろの設計あっての人間存在なんです。

これは人にかぎりません。ゴリラだろうがチンパンジーだろうが、どのような動物にも、それぞれに社会のあり方や婚姻の形式があります。そうした制度設計によって、生物種の固有性がつくられています。それは科学でいわれていることと矛盾しません。

ところが、現代の社会は、このような制度設計に反するあり方を人間に強制します。たとえば、朝六時に起きて電車に乗って会社へ行くとか、時計によって管理されるような生き方を強いられる。それに適応できる人もいるでしょうが、適応できない人もいます。しかも、さらに悪いことに、その適応できない人たちに「ダメ」と烙印《らくいん》を押す。

人間の制度設計は自由度が高く、ある程度は適応できます。それでも元々想定されている制度設計とはちがう生活を、現代のわれわれは余儀なくされています。とくにそれが著しくなったのは近代以降です。

具体的には、あらゆるものが機械化されていったことです。歯車が機械化のイメージやシンボルとして使われるようになり、時計のように正確に刻まれた機械的な時間に、人間が合わせなくてはならない社会になった。それまで自然や季節のリズムに合わせていた生き方が崩れて、時計の時間に合わせて機械のように動くことが奨励されるようになってしまった。つまり人間の機械化が始まった。マルクス主義でいう人間疎外です。

問題は、機械の扱い方に「法」がないことです。イスラーム世界にももちろん機械や道具はありました。しかし、イスラームでは基本的に「創造のマネをしてはいけない」といわれています。人間が生命を作れないように、創造ができるのは神だけです。そして神だけが「法」を定められます。それがイスラーム法です。

人間は神の創造物であるから、その扱い方は神が定めた法に従います。しかし、機械は人間が作ったものなので法が適用されない。だから、好きなように扱っていいし、重労働させてもかまわない。それは機械だからかまわないのです。

しかし、近代とは人間そのものを機械化した時代です。人間を機械のように扱うとは、人が人を好きなように扱ってかまわないという意味です。過剰労働させても、使い捨てても、機械だからかまわない。近代における自由というイデオロギーには、そういう意味が込められています。そこには人間を制度設計から引き剝がし、機械のように自由に扱ってもかまわないという考え方がある。つまり、自由という名のもとに、逆に人間の奴隷化が推し進められる結果となったのです。その推進役が国民国家です。

人間による人間への強制こそが問題

イスラームでは「法」を定められるのは神だけです。しかし、国民国家では法は国家が定めます。

現代世界ではイスラームを奉じている国もすべて国民国家の形式をとっています。イスラーム国家といいつつ、内実は西洋に押しつけられたシステムに隷従しており、イスラーム的な自立性からは程遠い。そういう国々を、われわれはイスラームの国々だと思い込んでいる。そのことがイスラームについての正しい理解を妨げているのですが、この本ではそこにはあまり踏み込まず、イスラームの法のあり方について少しだけ述べておくにとどめます。

イスラーム法では、基本的に複雑な契約はできません。二つ以上の契約を組み合わせてはいけないことになっているからです。たとえば「明日の朝九時に来て、夜八時まで大工仕事をして、一万円もらう」という契約をしたら、それだけが守るべき契約です。もし来なかったら一万円違約金を払う、という付帯条件をつけても無効です。

もろちん、これは近代国家ではありえません。さまざまな付帯条項をつけて、違反したら違約金を払わされ、場合によっては国家によって処罰されるのが近代の法契約です。

しかし、イスラームでは、複雑な条件をつけるのは自由ですが、それらの条件には拘束力はありません。国家もそれに対して保証はできません。労働者がストレスを感じたら契約は守らなくてもいい。それに対して国家といえども処罰したり、拘束したりすることはできないのです。やりたい人間は、やればいい。嫌な人間はやらなくていい。そこに国家による強制力は働かない。それがイスラームの立場です。その意味では、イスラームはきわめて自由なんです。

ただし、その場合の「自由」は、先ほどお話しした「奴隷ではない」という意味のフッリーヤとはちがいます。「禁じられていること以外は、何をやってもいい」という意味での自由で、法的には「ハラール」（許可）と呼ばれています。

ハラールとは、イスラーム法で定められている人間の行動規範のひとつで、「やってもやらなくてもかまわないもの」という範疇です。イスラームの食物規定でハラールといえば「食べてよいもの」を意味します。

イスラーム法ではこのハラール（許可）のほかに、「やったほうがいいもの」（推奨）、「やらないほうがいいもの」（忌避）という三つの領域で自由な行為が成り立ちます。このほかに「やってはいけないもの」（禁止）と「やらなくてはいけないもの」（義務）があり、これらについては神が定めたものなので従わなくてはなりません。

どんな社会であっても、すべてが自由ということはありません。かならず法で禁止されていることがあり、その禁止が及ばない領域を自由と呼んでいるに過ぎません。自由の範囲は文化によって異なっていて、西洋だから自由、イスラームだから不自由ということはまったくありません。

一つ、はっきりいえることは、イスラームでは、人間が人間に何かを強制することはできないという点です。イスラームの基本は、従うべきは神だけだということです。これは逆にいうと、神以外のものには従わなくてよいということにほかなりません。神以外に人に隷従を強いるようなあらゆる権威をイスラームは認めません。当然、人間が人間を従わせようとすることは認めません。

一方、近代の西洋社会は、ヒューマニズムという考え方からも明らかなように、人の権利をどこまでも認めていこうとします。それはいいかえれば、人間による人間の支配を積極的に認めようとする考え方です。この考え方が自由というイデオロギーと結びついて、人が人を自由に支配し、強制的に従わせることを可能にしたのです。

そのいい例が、一九世紀後半のアフリカに成立した「コンゴ自由国」です。ここは現在のコンゴ民主共和国にあたりますが、当時のベルギー国王であったレオポルド2世は欧米列強のアフリカ領土獲得競争の中で、ここを勝手に私有地化し「コンゴ自由国」と名づけたのです。そこで行われていたのは現地民を暴力的に酷使したゴムのプランテーションや象牙の取引などでした。それは啓蒙主義的な自由の理想とは程遠い、やりたい放題の自由でした。それが西洋的な「自由」の実態です。

自由というのは幻想です。そのことにまず気がつくことが大切です。自由があるかないかという二元論的な発想も、「西欧は自由で、イスラームは自由ではない」というのも誤りです。自由が幻想であると気づくとは、自分が何の奴隷になっているのか、どのような考え方の奴隷になっているのかに気づくことにほかなりません。

第3章　宗教は死ぬための技法

老人は迷惑

高齢化社会ということで老人が増えています。彼らがお金を持っているもので、それを狙った本もたくさん出ています。やたら元気な老人がもてはやされたり、老人による生き方応援本が売れたりしている。私から言わせれば、ホント迷惑です。『置かれた場所で咲きなさい』という本がありましたが、老人は置かれた場所で枯れなさいと言いたい。

元気な老人はバカというより迷惑なんです。年金もらっているのも迷惑ですし、職場にいるのも迷惑。

基本的には、人間は、そんなに長く生きるように制度設計されていませんでした。いまでも国によっては平均寿命が三〇歳代というところもあります。吉田兼好（一二八三頃〜一三五二年以後）は四〇歳手前で死ぬのが良いと言っていた。もっとも本人は七〇歳近くまで生きたんですけど。

元気な老人は迷惑ですし、仕事のできない老人も、仕事のできる老人もみな有害です。仕事ができない老人のほうが、若い人に仕事がまわるので、まだマシです。仕事ができる老人もボランティアでやっているならいいんですけど、高給を取って権力を握っていて、若い人間に仕事がまわらない原因になっていることが多いので有害です。

さきほどの制度設計の話でいえば、年長世代も仕事は若い人たちに文化を伝えて、教育をして、自分たちがいなくなったあとに、その代わりができるようにすることです。いかに有能であっても、自分より優秀な人間を育てられなければ価値がないんです。「あなたに辞められたら困ります」と言われるのはほめ言葉ではありません。その人間は、自分に代わる人間を育てられなかった、という意味で有害な人間なんです。なので、有能な年寄りも、無能な年寄りも、どちらも有害なので、とにかくやめさせることです。

そもそも年功序列制になっていて、年齢とともにベースアップするのがまちがいなんです。本当は年を取ると、生産効率が落ちるので、給料も下がって当然なんです。でも、そうなっていない。それはたんに権力の問題として、上のほうに老人がいるから下げていないだけの話です。大学なんて、ホントそうです。年寄りの教授なんてエクセルやワードすらも使えないのに（自分のことでもありますけど）、それで一〇〇〇万円とか一五〇〇万円とかもらっているわけです。もちろん昔は、それなりに合理性があった。子どもが多かったので教育にかけるお金が必要だった。でも、いまでは子ども減っています。年功序列で給料が増えることに意味がない。

老人から権力を奪え

私が問題だと思うのは、たとえお金があって高齢者向けの介護施設のようなところへ入れる老人でも、その人の世話を若い人がしていることです。これは、ただでさえ少なくなっている若い人材の浪費です。そういうことは、やるべきじゃないと、私は思います。まだ、老人同士で世話をしあうほうがいい。介護サービスも老人がやって、死ぬまで働いて働けなくなったら死ねばいい。山登りしたりする元気な老人が多いですが、そんなことするくらいなら若い人たちの代わりに働いてくれればいい。でも、働くと、働くことによって若い人の仕事がなくなる。だから、基本的には、ともかく権力から排除すべきです。働くこと自体は、かまいません。死ぬまで働いて、できれば働きながら死ぬのがいちばんいい。権力をもって高給を取っているのが問題なんです。

とにかく老人の手からは、権力を奪うこと。権力を奪って、給料も減らす。さっきも言ったとおり、いままでは子どもがたくさんいたので五〇歳くらいまでは教育費がかかるので、ある程度、お金も必要だった。でも、いまはホントにいらなくなっている。若い人と老人を比べたら、本来、若い人のほうが、お金がかかります。体力的にもやりたいことがいっぱいある。食べるものにしても若い人のほうがたくさん食べる。当然、お金はそっちに使うべきなんです。

老人は置かれた場所で枯れなさい

老人と若い人を比べた場合どちらのほうが欲望が強いか。生物学的にいえば若いほうが欲望が強くて当然なんです。しかし現在は老人の欲望を刺激するような仕組みにあふれています。それは老人が金を握っているからです。

どの宗教であっても、基本的に人間は欲望を減らしていくことが真の幸せにつながると言っています。しかし、若いときは欲望が強いのでそうもいかない。そのために修行するわけです。でも、年を取れば体力は弱まり、欲望も自然に減っていく。幸せになるには欲望などないほうがいいのだから、年を取ったら一日一食にして、般若心経でも唱えて、最後は水だけ飲んでミイラになって即身成仏というほうが、欲望にまみれた生活より、ずっと幸せかもしれません。

でも、資本主義社会はそれでは成り立たないので、金を持つ老人にそれを使わせようと欲望を刺激して、いろいろやらせようとします。「年を取ったから、何か趣味をもたなくてはいけない」とか言って山に登ったり、美術館をめぐったりする。昔からそれが趣味だった人は、それもいいでしょうが、たいして興味もないのにわざわざ山に登ったり、ゲートボールしたり、美術館に行ったりするのはバカでしかありません。

でも、そうなってしまうのは、老人が金と権力を握っているからです。権力があると、たとえその決定が合理的でなくても認められてしまいます。権力をもつ人間に従わないと、下の人間は、出世もできないし、お金ももらえない。だから権力をもたせてはいけないんです。老人にできることがあるとすれば、経験や人間関係の蓄積を生かせる顧問や相談役的な役割くらいでしょう。若い人たちが、それを必要だと思えば使えばいい。あくまで決定権は若い人にもたせて、老人には権力をもたせてはいけない。

年金や給料もいりません。年を取った人のムダな消費欲を煽らない。老後が不安とかいいますが、ホントにばかばかしいことです。老人になるまで生きていれば、それでいいと思うべきです。百歳で、老後が不安とか言うのがおかしい。すでに老人で、あとは死ぬだけなんですから、どう死ぬかを考えるべきです。

人間が三世代生きているのは、そもそも、おかしいんです。二世代で十分です。三世代目は、おまけです。おじいさん、おばあさんになったら、その時点で、生きている必要がない。子どもが親の世話をする必要もない。あとは置かれた場所で枯れればいい。それで楽しいと思えるかどうかというのはありますが、いろんな欲望をすべてなくしていけば、それなりに楽しくなると思います。

社会保障はいらない

社会保険や生命保険はなくていい。イスラームの理想からすれば、生活の保障というのは国家ではなく社会の役割です。国家と社会のちがいはどこにあるかというと、国家には強制力がある。税金にしても払いたくない人間も払わされている。社会保険も強制的に取っている。それを納めると言っていますが、実際は盗んでいるわけです。盗んで分配しているわけです。

もともとイスラームでは税金を取るという発想がありません。その代わりにザカー（浄財）というのがあります。ザカーを税金だと考えれば税金はなくてもいいんです。現在のアラビア語で税金はダリーバといいます。でも、中世はダリーバを取ってはいけないことになっていました。ダリーバは、みかじめ料のようなものだったんです。

それでも税金に当たるものがなかったわけではないんです。異教徒に対してはジズヤという人頭税が課せられていました。その他に戦利品という収入源もありました。そうした形で税金に当たる金を取っていたのですが、本来のイスラームの理念においては税金はありません。当然、年金も生活保護もない。ザカーがその役割を果たすことはあっても、それは最低限のセーフティネットでした。食べられない人間に食べさせるという、その程度のものでした。いちばんいいのは、助けたい人間が助けることです。単純な話、国によって国民総生産にちがいはありますが、税金をなくせばその分、豊かになりますから当然、払える人間はいるはずです。

医療保険にしても、取られている額がずいぶん多いのに、使わない人のほうが多い。宝くじと同じで「買ってよかった」という人間が一人いれば、買って損した人間が無数にいるわけです。その差額を誰かが儲けている。

つまり、お金は余っている。だから、何かに使わないといけないわけですよね。医療保険に使いたければ使えばいい。ただし強制ではなく、払いたい人間だけが払えばいい。アメリカはそのやり方で、いろんな財団が医療保険を運営している。社会の中でやりたい人間がやればいい。そうすれば社会で生きている価値があると見なされたり、助けたいと思われたりする人間だけが助けられる。助けたいと思われない人間は死んでいく。

快感原則にしたがえば、そうなります。人に好かれている人間は助けてもらえて、嫌われている人間は助けてもらえずに死ぬ。嫌われ者は、偏屈に生きて、一人で死んでいけばいい。そういう生き方を選んだわけですから、それでいいわけです。「人の世話にはならん」とか言っている老人がいますよね。だったら、そうやって死ねばいいんです。ただ、いきなり、孤独死されると、死体が腐って部屋が大変なことになるので、部屋を汚さないで楽しく死ねるような場所を作って、そこで死んでもらえばいい。

宗教は死ぬための技法

人間の抱えている誤った思い込みは「生きていかなくてはいけない」というものです。裏返せば「死んではいけない」というもの。でも、これは無理です。人間は必ず死ぬわけですから「死んではいけない」というのはまちがっています。価値観の問題ではなく事実としてまちがっている。

どうせ、いつかは死ぬのだから「死んではいけない」と言っても不可能です。では、なんで生きているのかというと、生きていたいから生きているわけです。

では、なんで生きていたいのか。基本的には、すべて生物は慣性の法則があって、それで生きている。心臓も肺も不随意運動しているので、たとえ気持ちの上では死にたくとも意思にかかわらず動いている。それで生きているのです。でも、人間はその気になれば生命活動を止められる。なのに生きていることを選んだのなら、それは生きていたいからで、何かしたいからです。そのしたいことをすればいい。「生きていかなくてはいけない」なんてことはないんです。

根本的な問題として、神がいなければ「しなくてはならない」ことはいっさいありません。もちろん給料をもらうためには役所や会社に勤めなければならない、とか、食事をおいしく食べるにはお腹を減らしておかないといけない、といった現実原則や快感原則といった意味での「しなければいけない」はありますが、義務はそもそも何一つない。生きている義務もない。だから、生きていたければ生きていてもいいですが、生きる義務はない。死んでもかまわない。

自殺しようとしている人に「生きていかなくちゃだめだ」と説得したりする人がいます。でも、そんな必要はないんです。死にたいなら、ただでさえ人口が多いのだから死んでもらえばいい。日本が生きにくいという面はあるかもしれませんが、「それなら死のう」という選択はあるわけです。

学校へ行くのが嫌ならば、やめる。それと同じで、過激に聞こえるかもしれませんが、生きたいと思わなければ、死ねばいいんです。でも、たいていは口では「死にたい」と言っても、本当は生きていたかったりする。そういう人は生きればいい。そして本当に死にたい人は死ねばいい。

宗教は死ぬための技法です。いかに正しく死ぬかというか、死ぬことが前提なんです。「死ね」とはいいませんが、遅かれ早かれ死ぬんです。いまの人間は生きているだけでエネルギーを消費して、二酸化酸素もいっぱい出して、食糧資源も浪費している。とくに先進国の人間はいるだけで公害です。もっと死んでもかまわないんです。とくに老人はさっさと死ねばいいんです。身も蓋もない言い方ですけど。

自分に価値がないとわかる地点に降りていくのが宗教

先ほども言ったように、神がいなければ、何をやってもいいんです。ですから「これはすべきではない」と思っていることを実験的にやってみるのは、かえって人間修行になります。人殺しのような過激なことはできないにしても、会社をサボるとか、朝寝坊してみるとか、小さなことで自分がこれまで「してはいけない」と思っていたことをしてみる。すると、どうなるか。それを観察することで、自分が本当に求めているものがわかることもあると思います。

たとえば、会社をサボってみてクビになるようなら、自分は会社にとって価値のない人間だったとわかります。これはチャンスなんです。自分はダメな人間だったんだけど、会社にいるおかげで、それが見えなかったことがわかるのですから。

では、どうすれば価値ある生き方ができるのか。できればさらに実験を繰り返して、どん底まで落ちると、いろんなことがはっきりしてきます。

人間は、自分のことを価値があると思いたい。でも、そもそも価値とは何か。たいていの場合、人間は自分に「価値がある」と思っています。しかし、たいていその価値を支えているのは地位や金だったりします。でも、地位や金がなくなったら、誰が相手にしてくれるのか。それを経験するためにも、自分が「これはすべきではない」と思っていることをしてみるのはいいことです。

イスラームではすべての価値は神に属します。人には価値なんてない。日に五回礼拝をするといった行為によって、神に認められることで初めて価値が生まれるんです。価値を見出すには、まず自分に価値がないことに気づかないといけません。

じつは宗教というのはそういうものなんです。自分に価値のないことがわかる地点に降りていく。

このような本質的な価値とはべつに、社会的な価値というのもあります。社会的価値は若いほど高くて、年を取ると下がっていく。年を取ると就職が難しくなるのも社会的価値が下がるからです。それを「可能性」と呼んでもいいでしょう。

実際、身体的にも若いときのほうが元気だし、知的能力も優れています。年を取れば知識は増えていくんですけど、判断力はダメになっていく。そこは微妙なのですが、将棋などではははっきりしています。あの羽生善治さんですら若い人には勝てなくなっていく。若い人の技術が上がっているというより、年を取った人の技術が落ちていくんです。加藤一二三さんにしても、将棋史上まれにみる天才だったんだけれども、最後はC級です。上の棋士に負けるだけじゃなくて、アマチュアレベルにまで下がってしまう。でも、本人には、あまり自覚はなく「いま、若造より勉強しているのに、なんで私、負けるんだ」と言っている。アスリートだと、その差はもっと歴然としています。

ちなみにイスラームでは、年齢はあまり重要ではありません。肉体的に成人すれば、あとは死ぬまで変わりません。一応、老人や親を敬いなさいとは言われますが、それも宗教に組み込まれています。年を重ねれば礼拝やザカー（浄財）はたくさんしているはずだから自然に尊敬されます。ザカーはお金があったほうがたくさんできるので、ザカーをしたければ、たくさん稼げばいい。それほどしたくなければ、稼がなくてもいい。イスラームは「どんな環境でも喜びなさい」という教えなので、何だっていいんです。

もらうより、あげるほうが楽しい

若い人のほうが価値があるというのは可能性の話です。ただ、可能性は、ちゃんと使わないと意味がない。年寄りに義務があるとすれば、若い人の可能性を生かすように支援することです。たとえばひじょう卑近な例ですが、タダ飯を食うと嬉《うれ》しいですよね。でも、じつはタダ飯を食わせたほうがもっと嬉しいんです。タダ飯を食わせる地位にいて、まあ「おごってやるよ」と言う。そのほうが楽しい。これは人間の基本的な制度設計なんです。

お金を持っていないとできませんが、持っていれば、そっちのほうが楽しい。べつに人格者でなくても、人に親切にして喜ばれるのは楽しいものなんです。親が子どもを育てるのにしても、個人的には何が楽しいのかと思いますが、でも、きっと楽しいわけです。子どものほうは、別にたいして楽しんでいないんですけどね。

人を喜ばせて楽しいのは、そういう制度設計をされているからです。それを楽しめないとしたら、それができないように洗脳されているからです。人の世話をするほうが楽しいはずなのに、お金をもらわないと楽しめないとしたら制度設計的にはまちがっている。本来は、お金をもらうより、あげるほうが楽しい。単純に快感原則としてそうなっている。

これは利他的行為のようにも見えますが、じつはアドラーやニーチェの言う「力への意志」に通じます。おごってやるというのは、相手を支配しようという力に基づいている。人に親切にするには力をもっていないと、そもそもできません。それが喜びであるというのが制度設計になっている。アドラー心理学では「共同体への貢献」という言い方をします。貢献というとカッコいいんですけど要するに支配なわけです。老人は、そういう形で若い人たちに対して何かを与えることに喜びを感じる。それが若い人を支配することにならないようにするために、老人にカネも権力も与えないことが重要なんです。

元々、資本主義では適正価格での取引というのがあります。老人が適正な額のお金をもらっていれば、それが若い人より多い場合もあれば、少ない場合もあるとは思いますが、基本的に年寄りは使い道が少ないので、ある程度は若者にお金を出せます。相手の若者が金持ちなら出す必要はありませんけど、自分より貧しい若者は絶対見つかります。子どもだっていいわけです。相手が幼児だったら、五円のアメを一コあげて、「おじちゃん、ありがとう」と言われれば、たった五円で快感原則が満たされて幸せになれます。でも、それさえしない年寄りがたくさんいる。幸せになれないとしたら本人が悪いんです

お金をあげても助けにはならない

最近、生活に困窮している人の援助などにかかわっているのですが、それで見えてきたことがあります。生活手段や労働技術を教えても、結局、意味がない。むしろ、ただ食べ物をあげているほうがいい。

お金を稼ぐ手段を身につけさせるというのは、その時点で資本主義的な話になってしまいます。われわれは資本主義にどっぷり浸かっているので、そういうものだと

思ってしまうのですが、物欲とお金はもともと別物です。食べられないのであれば食べ物をあげればいい。食べなくてはならないのでお金を稼がなくてはならないというのは、おかしいんです。

お金は食べられません。食べられないお金を稼ぐのは偶像崇拝なんです。お金は使うことが重要なんです。お金の価値は消費できることにあるのであって、貯めることにはない。それを混同してはいけない。最低限のお金は必要ですが、それ以上はいりません。お金がたくさん必要だと思い込んでいるから不幸になるんです。

ベーシックインカムの代わりに、イスラームではザカー（浄財）で賄います。ベーシックインカムという発想はイスラームにはありません。飢えている人には食べる物を与えればいい。お金をあげる必要は全然ありません。ザカーは基本的に現物支給です。ラマダンの期間に行われるザカーがあるのですが、これは一・五キログラム分の日常食べているような穀物を、あげることになっています。

一応、現代ではお金で払ってもいいことになっているし、そのほうが遠くへ送るには便利なのですが、サウジアラビアはそれも認めていなくて、現物でモスクに持っていくんです。そっちが基本です。

ホームレス対策にしても、追い出すのはけしからん、と思いますが、別に家に上げたいとは思いませんから「そのへんに、寝ていたら」という感じですね。寒くないように毛布をあげるというのはあります。遊牧民は、そのまま道で寝たりしていますからね。

細かくいうと旅行者の場合、三日までだったら家に泊めるというのはあります。でも、それも、三日までです。とくに男女の関係が厳しいこともありますからね。でも、それは旅行者だからです。何年も風呂に入っていないホームレスとかに来られると、それなりに困りますから。住む所と、食べるものの最低限は供給する。ただし最低限であって、それ以上のものは与えられないというのが基本的な考え方です。

「働かざる者、食うべからず」はイスラーム社会ではありえない

日本の貧困者対策は、基本的には本人ががんばるのをサポートしようとするものです。本人ががんばれないのは、お金が足りないからだという発想で、とりあえずお金を与える。そしてゆとりができたら、あとは本人ががんばるのを期待する。具体的には仕事を見つけ、部屋を借りて、経済的に自立することが期待されます。しかし、実際には、お金をもらうと、ますますがんばらなくなる人のほうが多い。

イスラームはもともと、「がんばらなくてもかまわない」という発想です。援助でお金がもらえるのなら、そのまま一生もらい続けていてもかまわない。お金をもらったのだからがんばらなくてはいけないとか、働かなければいけないとかいう発想は資本主義的です。

「働かざる者、食うべからず」はイスラーム社会にはありません。失業率五割なんてざらですし、家事手伝いのような立派な仕事をしている人間を失業者にカウントするような、「失業」などという概念自体が、非常に恣意的なものです。会社に勤めなければいけないなんてこともない。そもそも失業という概念があまりありません。

アラビア語にムフタリフとか、ムクタシブという言い方があります。ムフタリフとは「職がある」という意味で、ムクタシブは「稼ぎのある人」です。そういう人間はザカー(浄財)を払える。その程度の意味であって、終身雇用や正社員という概念は、まったくありません。

つまり欧米的な価値観が入ってきて、初めて失業が問題になってきたんです。それまでは失業者はいなかった。何でもいいので働けば、それは働いたことになる。カイロには赤信号のとき、停車している車の窓を拭く人がいますが、あれも仕事です。家の中でも同じで、お遣いしてお駄賃をもらえばそれが仕事です。働いていることには変わりありません。

なぜ生活保護を受けない？

もちろん、日本ですと、車の窓拭きをしたり、使いっ走りでお駄賃をもらったりするだけでは暮らしていけません。エジプトのように家族や一族で支える仕組みがあれば一人ひとりの収入が少なくても暮らしてはいけるのですが、日本では一人ひとりがバラバラに切れているので、自分一人で自分の生活を支えなくてはならない人が多い。

それでも日本にはまだ生活保護があります。生活保護の制度がこれからどうなるかわかりませんが、いまのところもらうのは比較的簡単です。

中には、衣食住は保証されても、国に管理されるのがイヤだからあえてホームレスをやっている人もいます。また、ホームレスはイヤだけれども、生活保護だけは受けたくない、という人もいます。「働くのはイヤだけれどプライドが傷つくよりましだから働く」という見栄ですね。いずれにしても、どのような生き方であろうと、まだ日本では飢え死にすることはそんなにありません。生きたければ生きていけないことはないんです。

でも、生きていけるにもかかわらず自殺をする人はいる。食べるものがあっても頭の中で苦しみをつくり上げる。それがバカなんです。どうしてそうなるのか。何度も言っていますけど、単純に洗脳されているからです。資本主義にもとづいた洗脳のシステムにすっかり取り込まれてしまって、十分生きられるのに、「もう生きられない」とか、「自分には生きる資格などない」とか思い込んでしまう。生きる資格など初めからないんですが、生きたければ生きればいいんです。

古典的な資本主義社会では、モノを生産していました。そのときは、安い労働力がたくさん必要でした。だから「産めよ、増やせよ」という考えは必要だった。しかし今は製造業自体が減って、サービス業主体になっている。だから安い労働力が、そんなにいるのか。そのへんは私も専門家ではないのでわかりませんが、「働かなくてはいけない」という考え方そのものは資本主義による洗脳です。

イスラームの中にも「産めよ、増やせよ」的な発想はあります。しかし、それはユダヤ教でいう文字どおりの「産めよ、増やせよ」とはちがい、かならずそうしなくてはならないというものではありません。

ただ、基本的には部族は人が多いほど強いので、人間が財産だという発想はあります。これはイスラームの宗教的な教えの中に組み込まれているわけではありませんが、子どもがたくさんいることは良いことだとはいいます。これはイスラームに限らず、人間の制度設計だと思います。いまとちがって、資源の有限性も意識されていなかった時代ですから、人が多いほど豊かになると考えられたとしても無理はありません。

金がないと結婚できないは嘘

ところが、いま先進国では、人口が増え過ぎるとかえって不幸になると思われています。しかし、少子化で人口が減りつづければ社会は滅びます。その分、イスラーム教徒はどんどん子どもを産みますから、イスラーム教徒にとって好都合ともいえます。とはいえ、イスラーム圏でも全体として子どもの数は減ってきています。これは悪しき西洋化の影響です。満足な教育を受けさせなければいけないとか、金がないと結婚できないとか、そういう西洋のイデオロギーがイスラーム圏にも広がっています。

そもそも金がないと結婚できないというのはまちがいです。よくイスラーム圏では結婚がたいへんだとかといわれますが、それはイスラームとは関係ありません。結婚には持参金が必要ですが、「ハディース」（預言者の言行録）には、もし必要なものが用意できなければ、他のものでもいい、なつめやしの実でもいいとあります。お金がなくたって、なんとかなるんです。

エジプトのカイロのような都会では、シャッカ（アパート）や家具など、いろいろなものを用意しないと結婚できないといわれていますが、それは最近の話です。農村に行けば、そんなことありません。お金がないから結婚できないというのはまちがいです。

わかりづらいのは、今のイスラーム社会で起きていることの、どれが元からあったもので、どれがあとから入ったものなのかという点です。生活に関わることは、ほとんどが西洋化しています。植民地化されてしまった国は、もう、イスラーム社会ではないと考えたほうがいいでしょう。

もともとのイスラーム的な文化として残っているのは、資本主義化が遅れている、ということでもありますが、お客を大事にするとか、家族を大切にするといったことでしょう。その家族という範囲もかなり広い。

先ほどの話に戻りますが、結婚を逃す理由の一つに、自分にふさわしい相手がいるはずだという思い込みがあります。でも、これも資本主義的な洗脳です。そんなものは、ありません。誰でもいい。それが基本です。誰でもいいのだから押し付けられたくなかったら自分で選んで結婚すればいい。ところが、そこに結婚しなくてもいいという風潮があって、ねじれているのが問題なんです。

人が人を好きになるのは制度設計であり、生物の基本的な原理です。そこから外れるとひじょうに生きにくくなります。たとえば、ご飯を食べないで点滴や薬だけで生きていくこともできるかもしれませんが、そうすると生きにくくなります。それは制度設計に反しているからです。結婚もそうです。どんな動物も子孫を残すために、それぞれの方法があります。霊長類に属する人類は結婚という方法を長きにわたってとってきた。そこにのっとって生きたほうが、人間としては楽に生きられるんです。

結婚は制度設計

結婚しなくてもいいという価値観ももちろんあります。イスラーム的にいえば、人間が生きているのは神に仕えるためなので、神に仕えないのならそもそも生きていなくてもいいので結婚もしなくてもいい、と言えばしなくてもいい。でも、そういう人ばかりになれば社会は滅びます。全員が結婚しなくてはならないわけではありませんが、結婚しなくてもいいという価値観が主流になれば、社会にとっては問題です。

じつは男は昔から結婚をしたがらなかった。でも、結婚しなきゃいけないという社会的圧力があって結婚してきた。これが結婚しなくてもよくなったら、しない人はどんどん増えるでしょう。そこに資本主義が結びつけば、ますますそうなります。

もともと子どもなんて、非効率的な存在です。自分の時間もお金も体力も取られて、好きなことができなくなります。自我の欲望が肥大した先進国で子どもが減っているのは、そのためです。自分の好きなことをしたい、自分のために時間とお金を使いたい。資本主義的な欲望を満たすには、子どもがいることは非効率的なんです。しかし、それだと人類は滅びてしまう。そうならないように結婚という制度設計の枠組みがあるんです。

人間の結婚は契約です。いきなり強いオスが出てきて、ほかのメスを奪ったりはありせず、一応、理性を働かせて、制度設計に外れない形で契約をします。

基本的に、制度設計とは、そこから大きく外れると生きにくいようにできています。時代と場所の変化に対応できるように曖昧《あいまい》に大枠を定めているのであり、なんであれ、あれをしろ、これをしろと細かい指示をするわけではありません。

ところが、資本主義というのは、その制度設計をかなり無理に歪めてしまいます。仕事のために朝早く起きて、満員電車に乗ってとか、どう考えても制度設計に反している。そういうことをやっているから不幸になって、生きづらくなるんです。

学校も、仕事もやめてしまってなんら問題はありません。先ほども述べたように、いまは生活保護制度もありますから、やめてしまっても困らないし、そのほうが幸せになれます。生活保護の制度がなくなるときは、日本が本当にダメになったときです。では、そのときには働かないといけないかというと、いまよりも労働状況は悪くなっているはずですから、やっぱり幸せにはならないでしょう。その中でどうやって生きていけるのかはわかりませんが、生きていけないことはないでしょう。

洗脳から逃れるのはむずかしい

社会のシステムは、人をバカ化させることで成り立っています。もともとバカなんですが、さらに自分がバカだと気づかないようにさせる。人を特殊な状況に放り込んで判断停止させてしまうセミナーなどは、まさにそれです。それにバカが引っかかって、バカが再生産されていく。

書名に「バカ」を冠した本はたくさんあります。昔ベストセラーになった『バカの壁』（養老孟司著）という本がありましたが、『バカの壁』を読んで喜んでいる人は、やっぱりバカなんです。

バカ本のほとんどは、「これまで、あなたはバカだったかもしれないけれど、これを読むとバカじゃなくなる」というスタンスのものでした。

でも、自分がバカだと気づける人間はけっこう賢いんです。自分の正しい姿を認識できないのが、ここでいう意味のバカですから、バカだとある程度気づいている人間はそんなにバカじゃない。

反対に、自分はバカだから儲からないのだと思って、あやしげなコンサルやセミナーに引っかかる人もいます。三年間続けたら必ず儲かる、と言われて、三年かかって一文無しになったものの、すっかり洗脳されているから自分の努力が足りなかったと解釈してしまう。結局三年かけて儲かったのはコンサルとセミナーの主宰者のほうだったりします。

「こうすれば儲かる」の類に引っかかる人は、その時点でダメなんです。「こうやれば破産する」とか、「こうやれば金がなくなる」とか、そういうので来てくれる人間であれば、まだ見込みはあるかもしれません。

本人はバカでなくなりたいと思って参加したつもりですが、じつはそうではない。自分がバカであることを認めたくなくて、バカであることを忘れるために参加している。でも、そのことに気づいていないから、実際はますますバカになっているだけです。でも、鈍感になっているから以前より楽になったと勘違いするわけです。これが洗脳です。

洗脳から逃れるのはとても難しい。いまの時代は資本主義が空気のようにわれわれの日常のすみずみに行きわたっているので、それに気づくことすら困難です。

仏教ではいっさいは空であり、あらゆる思考は思い込みなので、それにとらわれるなと説きます。でも、現実にはそういう言い方を悪用してバカな人間を捕まえて、金を儲けている坊主もいます。

幸せを手放せば幸せになれる

人はほぼ妄想の中で生きています。リアルなものなんて何もないところで生きている。それを認識して、コントロールできればいいのですが、たいていは無理です。そのために修行を積まなくてはならないのが仏教ですが、それでは修行できる人とそうでない人が、必ず出てくるので万人の教えにはなりえません。結局のところエリート主義になってしまう。修行によってバカがバカでなくなることもあるかもしれませんが、そうでない人のほうが圧倒的に多いでしょう。

イスラームは万人のための教えです。バカはバカのままでいいんです。妄想の中で生きていたってかまわない。そのために法がある。法はただ守っていればいい。意味はわからなくても、礼拝のような最低限のイスラーム法を守っていれば、バカであっても、そんなにおかしなことや不幸なことにはならない。「仕事をしなさい」なんてイスラーム法には入っていません。仕事をしたって幸せになどなれません。

人はやっていることの意味を考えがちですが、バカが考えたってバカなことしか考えられないんです。意味はわからないけれど、とりあえず、それをやることで人は幸せになれるんです。

幸せとは主観的なものなので、なかなか比べようがないんですけれど、日本人はかなり特殊に不幸せな人が多い気がします。イスラームと比べてという話ではありませんが、外国から帰国して電車に乗ると、みんな不機嫌で、無表情で、疲れきった顔をしているのがよくわかります。自殺する人は減ったとはいえ、それでもまだ年間二万人を超えています。

私が気になるのは、みな何がしたいのかということです。何を幸せだと感じるのか。資本主義は幸せのイメージというのを、いろいろ提供してくれます。「これを買うと、幸せになりますよ」とか、「この本を読めば幸せになれる」とか。でも、そういうふうに、幸せを求めようとする気持ちがあるかぎり、今は不幸だという前提をつくってしまう。それが洗脳であることに気づいて、幸せでなくてもかまわないと気づいたときに、結果的に幸せになれるんです。

第4章
バカが幸せに生きるには

死なない灘高生

最近灘高校の同窓会に出て知ったのですが、二〇〇人くらいいた同級生で死んでいる人間がほとんどいないんです。私が記憶しているかぎり、病気で亡くなっているのが二人くらい、自殺者はゼロ。これはいまの若い人たちに比べるとかなり少ない気がします。私の周りの若い人を見ていると、どんどん死んでいる。たいていは自殺です。死なないまでもリストカットなど、自殺未遂をしている人がけっこういる。

灘高生の場合、基本的に関西人なので実利的にものを考える傾向が強いというのはあると思います。なにしろ「儲かりまっか」が挨拶になる土地柄なので儲からないことはしない。死ぬと儲からないから、死ぬという発想がない。みなそれなりに出世しているせいもあると思いますが、東大生などに比べても死んでいる人間は少ない。就職したけれど途中で人生を踏み外してどん底まで落ちても、その後したたかに生きて、なんとかやっているパターンが多い。死ぬのは無駄と考えているのかもしれません。

昔は、自殺する原因は生活苦だったり、生きる意味を見いだせなかったりという哲学的なものだったりしました。でも、じつは彼らは少数派でした。自殺した文人、川端康成（小説家。一八九九～一九七二年）だって太宰治（小説家。一九〇九～一九四八年）だって、いまでこそ有名ですが、けっして多数派ではなかった。例外的な人たちだったんです。しかしいまは、むしろそういう若い人が多数派になってしまっている。頭で考え過ぎてにっちもさっちもいかないのは、昔は一部のインテリだけに限られていました。それが、いまや多くの若い人たちが、ふつうにそうなっている。

だいたい、考えるからいけない。考えれば良い答えが見つかるというのがまちがっているんです。考えたところで大多数はバカだから、いい答えなんて見つかるはずないんです。バカが考えるから不幸になるんです。

寅さんと『ONE PIECE』

最近、フーテンの寅さんが出てくる山田洋次監督の『男はつらいよ』のシリーズを制覇しようと思って見始めています。私の若い友人の宮内春樹さん（イベントバー「エデン」の経営者。ハンドルネーム「えらいてんちょう」）は「寅さんは時代劇として見ている」と言っていました。たしかに寅さんを同時代の出来事としては、もう見られません。携帯がないとか、大卒がいないとか、そういうことも含めて同時代的ではない。

ただ、そこに流れている義理人情の世界観は、たとえばいまの尾田栄一郎の漫画『ONE PIECE』（ワンピース）のスローガンである「努力」「友情」「勝利」などに通じるようには思います。今もヤンキー文化の中で、そういうスローガンはある程度は共有されている。ただし連載媒体である「週刊少年ジャンプ」自体がもう最盛期を過ぎている。われわれの頃は発行部数が五〇〇万部以上といわれていましたが、いまではその三分の一くらいです。ですから、必ずしも、かつてのようにその世界観が共有されているわけではないでしょう。

共有スペースが小さくなっていることに関連して、最近ツイッターで読んだのですが、若い人たちが集まってカラオケで歌を歌おうとしたところ、みんなが共通に知っている歌がなかったことに気づいたといいます。仕方がないので「君が代」を歌ったそうです。自由がだいじといって、みんな自由になってしまうと共通で歌えるものが国歌しかないという世界になってしまう。

寅さんの話に戻りますが、『ONE PIECE』を寅さんへの回帰と見ることができるような気がしています。『ONE PIECE』のベースにあるのは、いわばヤンキー文化です。内田樹先生も言っていましたが、仲間と連帯してがんばろうというヤクザのファミリーの世界なんですね。昔の任侠《にんきょう》ものの現代バージョンです。

でも、寅さんは、そういうファミリーからはぐれてしまった者が主人公であるという点で、さらに先を行っているんです。帰ってくる場所としてのファミリー（実家の「とらや」のちに「くるまや」）はあるのですが、寅さん自身はむしろニート的な存在であるという意味で、まさに同時代的なんです。現代は、その「とらや」に当たるものが崩壊してしまって、人々が本当に孤独になった時代という感じです。

あいさつすると人生が変わる？

友人の宮内さんが要町（東京都豊島区）でやっている「エデン」というバーはいわば寅さん的なショボイものの再生の場でもあるんです。エデンのモデルは「とらや」なんです。宮内さんはリサイクルショップもやっているのですが、店を始めるにあたってご近所の人にあいさつ回りをしたそうです。すると、近所の人たちが「この若い人はしっかりしている」と感心して、何かくれたりしたといいます。

かつては引越してきたらあいさつ回りをするとか、近所の人と道で会ったらあいさつをするとかいうことは当たり前でした。私もあいさつはあまり好きではないのですが、それでも一応します。でも、今の若い人は本当にあいさつしない。若い人だけでなく老人もしなくなった。もっとも、最近は知らない人間にあいさつすると不審に思われたり、場合によっては警察に通報されたりするので仕方ない面もありますが、だからこそ逆に、きちんとした服装で、きちんとあいさつをすると感心されて、それをきっかけに人生が変わることもある。

世間にはあいさつを奨励する団体があったりします。以前は当たり前だったことをみながしなくなったので、逆にその当たり前のことをするだけで、状況が大きく変わるのが現代です。つまり、自由化すればするほど逆に保守的なものが力をもっていく。どんなに「自由化」したところで束縛は存在するんです。自分が気づいていないだけで意味のない小さな束縛は、自由化が進めば進むほど強まって、かえって国家の権力を強化しているんです。ヘイトスピーチもそうです。

視野の狭いリベラル

いまでは当たり前に使われている言葉である「自由」にしても「平等」にしても、それらは哲学的に考え出された理念ではなく、その時たまたまあったものに名前をつけただけのものであることを認識する必要があります。たとえば、イギリスの保守党は、哲学的な理念があってできたわけではなく、たまたまその時には保守じゃないものに比べて多少保守だったからできた、という程度のものです。

「自由」や「平等」もそうです。ヨーロッパの階級社会の中で不便な思いをしていた人たちが、その部分を変えようということで生まれただけの話です。自由や平等に実体があるわけではありません。

最近の話題でいえば夫婦別姓もそうです。夫婦別姓はけっして新しいわけでもなんでもない。結婚すると姓が変わるという習慣がつくられたのは明治以降です。そもそも明治時代までは庶民に姓はありませんでした。名前を名乗る必要がなかったから、姓など不要だった。しかし、それでは西洋にバカにされるから、つけるようになったんです。

つまり、保守というのは、基本的には直近の過去を守ることなんです。自分の父親の世代とか、自分が子どもの頃にあったものを守るのが保守の本質です。

これはイスラームの文脈でいうと伝統主義に当たります。伝統主義とは直近の過去を重視することです。ただ、たんに「昔に戻そう」というのではない。その考え方自体はまちがってはいません。自分の子どもの頃の価値観を守ろうという考え方自体は、べつにかまいません。ただそれが昔からずっとそうだったと主張するのがまちがいなんです。

リベラルも同じです。たまたま自分が不自由だと思ったときに、いまより自由にしようというのがリベラルです。自由について哲学的な理念があるわけではない。

本当に字義どおりに「リベラル」を考えるならば、まず国民国家なんておかしいというべきなんです。これほど不自由なものはありませんからね。しかし、それはリベラルの人たちの視野に入っていない。なぜなら、自分たちが国民国家を不自由だと思っていないからです。

つまりリベラルとは、それを言い出す人たちの感性に基づいている。それだけの根拠しかない。その「リベラル」の範囲は人によってちがいがあります。人間はすべてを見通すことはできませんから、その見え方には限界がある。目先しか見ないときと、視野を広くして見たときとでは、何を不自由と感じるかも異なります。いまリベラルを主張している人たちの射程は、きわめて狭いと言わざるをえません。

イスラームもそうですが、文明とは歴史的にも地域的にも広大な範囲でものを考えるものです。文明という観点から見たときにしか見えないものがある。日本のリベラルは、そうした文明的な観点からすれば極めて狭い範囲でしか考えていません。あまりに狭過ぎて、内容がなさ過ぎるので批判のしようもない。批判するには内容を確定しなくてはなりませんが、確定すべき内容すらないのが、いまのリベラリズムと呼ばれているものです。

自由を論じるのであれば、まず自由という言葉の内容についてしっかり確定する必要があります。本当に「自由」であるべきというなら、言葉の規範にすら従う必要がないことになります。民主主義も同じです。自由も平等も民主主義も、たまたま以前に比べて自分がより自由だとか、より平等だとか感じたものに名前をつけただけのものなのです。実体があるわけではありません。

夢は叶わないとわかっているからいい

リベラリズムにしても民主主義にしても、自分のできもしないことをできると思っているのがバカなんです。自分をヘビだと勘ちがいしたミミズの話に戻りますが、できもしないことをできると思うと、たいてい失敗する。

ですから、基本的に人間は隣の人間がやっていることをやっていればいいと、私は考えています。そんなことはいやだ、という人ももちろんいるでしょう。自分には他の可能性があると考える人もいるでしょう。

もちろんそこには一理あります。世界には可能性と不可能性と必然性があるとスコラ学者は言っています。可能性はないわけではない。たとえば「私が明日カリフになる」とか、「世界が明日、サルの惑星になる」といったことも可能性はゼロではない。しかし確率的に考えれば、その実現する可能性はかぎりなくゼロに近い。

アメリカがそうですけれども、自由になれるとか、成功できるとか言っていても、それが実現する可能性は極めて低い。それをあたかも誰にでも可能であるかのように煽っているのがアメリカの自由主義です。

夢をもつのが良くないと言っているのではありません。ただ夢は叶わないとわかっているからいい。夢は理想であり、与えられたものなんです。私の夢はカリフ制再興ですが、これは自分が自由に考えたことではなく、イスラーム教徒の義務として与えられたものです。理想というのは義務です。義務はやらないといけない。

すでに述べたことですが、人間には「したいこと」「できること」「すべきこと」があります。「したいこと」と「できること」とは、いわばアメリカ的な世界観です。しかし、イスラームのような一神教には「すべきこと」があるんです。ただし、すべきことであっても、それができなかったら、やらなくていい。「すべきこと」は、「できること」の範囲でしか実行できません。もちろん、それはやってみないとわかりません。できるところまでやったのであれば、神から報償がある。できなければ、私の義務ではなかったということです。義務でなければ、「したいことができなかった」で終わります。

重要なのは「すべきこと」があると理解することです。「したいこと」は、「すべきこと、してはいけないこと」とセットです。ですから「してはいけないこと」を見極めて、「したいこと」をするのがイスラームです。「したいこと」と「すべきこと」が一致するのがいちばんいいのですが、たいていはあまり一致しません。

「すべきこと」をしているから生きられる

イスラームのような一神教では「すべきこと」という規範がはっきり決められています。しかし、一神教を信じていない一般の日本人にとっては、「すべきこと」に当たるのは共同体（社会）の規範です。

人間は共同体がないと生きていけません。どんな共同体にも、かならず規範があります。共同体で生きるとは、その規範の中で生きるということです。自由だと思っていても、じつは自分が生きている共同体の規範に縛られている。その事実にまず気づくことです。

規範に縛られたくないから、そこから外れてやろうとしたら、実際問題として生きられません。でも、共同体の中にいると、規範の中で生きていることにさえ気づかないものです。「すべきこと」をしているから共同体で生きていられるのに、ふつうはそのことに気づかないで、自分は自由だと思い込んでいる。それがバカなんです。「すべきこと」があるというより、生きていることはすでに「すべきこと」に縛られているんです。その事実に気づかないと、ある程度以上には幸せにはなれません。

「すべきこと」にはなかなか気づけませんが、それでも、たとえば共同体の中で人を殺しまくったりしたら生きていけません。あるいは、自由だからといって自分から酸素のない世界や気温が摂氏百度や零下百度の土地で生きようとは思いませんよね。自分がたくさんの制約に囲まれていることに気づかないと、「したいこと」も「できること」もできないわけです。

イスラームの場合は、酸素も気温も含めて、すべては与えられたものであり、多くの規範の中で生きていることを意識化して考えます。イスラーム教徒でなくても、少なくとも社会には規範があると意識することは可能です。それが制度設計を知るということです。でも、その基本的な事実をリベラリズムは理解できていない。

イスラーム神学では、人間は意識だけでなく、細胞一つひとつにいたる身体の全体が神に従っていると考えます。そこまで行かなくても、子どもの頃には、両親の言うことを聞いたり、そのマネをしたりするところから、共同体の規範にしたがう道を学ぶことはできます。

ただ、それだけでは、共同体の「すべきこと」に適応はできても、それが本当に正しいかどうかはわかりません。その正しさの根拠を問うときにイスラームを選ぶ、というのが正しい人間の道です。

われわれは少なくとも共同体の規範に則って生きていると理解するのが大事なんです。でも、リベラリズムはあらゆる共同体の規範からも自由になれると考えているという点で、認識そのものがまちがっている。だからバカなんです。

バカが幸せに生きるには

何度も言っているように、バカは悪いことではありません。バカはバカなりに生きれば幸せです。それが「こうすれば億万長者になれる」とか「ブロガーになって成功する」とか、そういうのに煽られて道を外していくと不幸になる。そういうことを述べる本は、それを書いている本人が成功するためのものであって、買う人は食い物にされているだけです。そういうものを読んで、勘違いしてしまうのが不幸の始まりです。

バカというのは、前にも言ったように、要するに正規分布のボリュームゾーンのことなので、八割くらいはいます。その人たちにとっていちばん賢い生き方は周りに合わせることです。たまにレミングみたいに失敗して集団自殺してしまうこともありますが、たいていは周りの真似をしていれば死にません。生き残る確率は高くなるんです。

本など読まないヤンキーのほうが、むしろしっかり生きています。若くして結婚して、子どもをたくさんつくって、仕事をして、家族を支えていくというほうが人間としても生物としても正しい。大学を出て頭でっかちになって、オレは何かできるはずだと妄想して、勘違いして大学院まで行ってしまい、結局仕事がなくて結婚もできない。それでいて「結婚なんて意味がない」とか「家族なんて幻想だ」とか、こじれた考えをもってしまう。そうやって、本人は生きづらくなり、けっきょく大学院から精神病院に転院することになり、周りは迷惑し、少子化も進む。

それに比べると、ヤンキー的な安倍さんが首相をやっているのは、じつは正しいんです。バカ代表という意味で、安倍さんは日本の至宝です。

三年寝太郎のいる意味

バカはだいたい八割と申し上げました。バカは基本的には周りを見て、周りに合わせていれば、だいたいうまくいきます。でも、たまに失敗してみんな崖から落ちたりすることもある。残りの二割は、そういう非常事態が起きたときのためにいるんです。働きアリの何割かは遊んでいるといいますが、あれと同じです。今までのやり方がうまくいかなくなって集団自殺みたいな状態になってしまったとき、従来とはまったくちがう発想をする人たちが必要なんです。

歴史を見ても、そういう人たちは社会の変革期に出てきています。ジャンヌ・ダルク（フランス王国の軍人。一四一二〜一四三一年）とかマクシミリアン・ロベスピエール（フランス革命期の政治家。一七五八〜一七九四年）とか、ヨシフ・スターリン（ソビエト連邦の政治家。一八七九〜一九五三年）とか毛沢東（中華人民共和国の政治家、思想家。一八九三〜一九七六年）といった人たちです。彼らは歴史に名を残してはいますが、その行動や発想は、いわゆるＫＹ、もっとはっきり言えばＡＳＤ（自閉症スペクトラム）的で、良くも悪くも非常識な人たちが多い。たまたま成功したから偉人や英雄扱いされていますが、アドルフ・ヒトラー（ドイツの政治家。一八八九～一九四五年）のように失敗すれば悪魔扱いです。私は、ヒトラーはあれでも成功したのだと思っていますが。

安倍のヤンキー政権が機能するならば、それでもちっともかまいません。社会がファシズム化しても、バカにはファシズム化していることがわかりません。バカな人間は自分の周りしか見ていません。その外側は見えないから、たいして苦にならない。そのうちに日本全体が集団自殺のようになることもあるかもしれません。とくにイスラーム的な世界観でいうと終末が近づいていますし、国民国家システム自体がひじょう不安定になっていて、どこから崩れるかわからない状況です。そうなったときに、残りの二割が役に立つ。

この二割は、働きアリの中で一部の遊んでいる者にあたると言いましたが、三年寝太郎のような存在ともいえます。民話では、三年寝太郎は寝てばかりいるただの怠け者だったのが、村が干ばつの危機に瀕したときにむっくり起き上がって、山の大きな石をどかして川の流れを変えて畑に水を導いて、村を救います。そういう非常時の要員として三年寝太郎がいる。でも、何事も起きなければ、ただ寝ているだけで、そのまま死んでいきます。民話には書かれていませんが、ほとんどの三年寝太郎は、そうやって、ただの役立たずの怠け者として一生を終わります。

三年寝太郎は日常が安定しているときには役に立ちません。というより、平時にはむしろ弊害がある。行動や発想が常識からかけ離れているので狂っているとみなされる場合がほとんどです。この「狂っている」系のなかに、ジャンヌ・ダルクとか吉田松陰（思想家。一八三〇～一八五九年）とかロベスピエールとかが、ときどき現れるわけです。幕末の志士とか、明治期の立役者にも、そんな人たちがたくさんいます。

しかし平時はただの狂った人たちですが、乱世にはその狂った発想と行動が役立って、たまたま歴史に名を残すこともあるというわけです。いってみればサヴァン症候群のようなもので、その能力は普通の場合はほとんど役に立たない。本人も生きづらいし、周りも迷惑する。基本的にははた迷惑な存在なので平等に扱わなくてもいいし、むしろ差別したほうがいい。差別したって、動じる人たちではありませんし、それで動じてしまうような三年寝太郎では非常時に役立ちません。

バカと魯鈍とリベラリズム

この三年寝太郎的な「狂っている」系は少数派で、あとのほとんどは「バカ」です。バカは数の上では圧倒的なマジョリティです。マジョリティであるとはノーマル、つまり「健常者」にほかなりません、ノーマルの定義は数が多いことでしかありません。ですから、バカのほとんどは健常者と言って差し支えありません。

ただ、何度も言っているように、バカにかぎって、自分をバカだと思っていないという傾向があります。自分をヘビだと思っているミミズです。それを抑えるのが規範や伝統宗教の役割だったんです。でも、それが近代になって崩れてしまって、バカをつけ上がらせるようになった。それがリベラリズムです。リベラリズムはバカを助長するシステムです。

先ほど言った灘高生も基本的にはバカです。関西人なので「儲かりまっか」が基本にあって、儲からないことは最初からやらない。その辺は徹底しているので三年寝太郎的な「狂っている」系はほとんどいませんでした。「天才」と呼べるような人たちもほとんどいなかった。その意味ではつまらない人たちが多かったのです。

バカにはふつうのバカのほかに、もうひとつ「魯鈍《ろどん》」というタイプもいます。彼らは、自意識が肥大して、自分をヘビだと思っているバカとは対照的に、ミミズとしての自分を生きています。自意識があまりなく、ボケーッとしている。分相応に堅実な生き方をしているんです。

ただ、ボケーッとしているので反応が鈍い。「あっち行け！」と言われても無反応で、ボーッと、そのままいたりする。他人からすると、ストレスを覚えるタイプではありますが、おかしな考えに取り憑《つ》かれたり、人生に幻想を抱いたりしないから、まちがいをあまり犯しません。話は通じないのですが、本人はちゃんと生きている。法律も守る。だから生き残る確率も高い。その意味では「魯鈍」という生き方はみごとなんです。

まとめますと、人間には「バカ」とバカの一部としての「魯鈍」、それに三年寝太郎的な「狂っている」人たちがいるというわけです。

教育とは役立つバカをつくること

バカになるかどうかは成長後の身長や体重と同じように、生まれたときにすでにだいたい決まっています。日本人の成人男子だったら、だいたい身長が一五〇から一八〇センチすこしくらいに収まるように、バカかどうかも生まれたときに、だいたい決まります。二メートルを超える人がなかなかいないように、突然変異でバカでなくなることは、あまりありません。

では、教育でバカは治るのか。まったく効果がないとは言いませんが、さきほど述べたように、近代教育は人をバカにするものです。より正確に言うなら、教育は人を機械にするための洗脳にほかなりません。ですから、教育を受けると、手に職のあるバカができあがります。

たとえば朝起きて、家を出て、電車に乗るといったことができるようになる。本当にリベラルであれば、わざわざ朝早く起きて満員電車に乗るという不自由さを否定したっていいはずです。でも、リベラリズムはそこは批判しない。だから矛盾があるんです。

教育はバカを洗脳して機械にして、何かの役に立つようにつくり変えます。朝早く起きて満員電車に乗れる人間をつくるのも教育です。つまり、資本主義を機能させるのに役立つバカをつくり上げるのが近代教育の本質です。資本主義は、そこに価値を見出すのです。

もろちん価値は相対的なものなので、それが良くないとはいえません。しかし、動物行動学的に見れば、満員電車に押し込められてしまうというのは、極めて不自然です。本能的には逃げたくなるほうが自然です。でも、その本能を麻痺《まひ》させて、それが価値あることなのだと刷り込みを行うのが教育です。

土俵で議論してはいけない

私の基本的な認識論的な立場はカール＝オットー・アーペル（ドイツの哲学者。一九二二〜二〇一七年）が唱えた「超越論的遂行論」に近いものです。これは自分が拠って立つ立場というのは、本人にとっては超越的・先験的に前提とされている、という考え方です。要するに、自分が何かを発言するときには、その発言を支える前提があって、それは他人がとやかく言えるようなものではない、ということです。

たとえば、言葉で何かを発言している以上は、受け手も文字が読める、言葉が理解できるという前提に立っているわけです。主導権はこちらにある。たとえば、ツイッターで何かツイートしたとき、それに対して、きちんと理解しないで見当違いな反論をしてくる人がいます。それはバカとしてブロックしてかまわない。前提を握っているのはこちらであり、それを理解できない者は相手にしなくてもよい。

ところがこれが、たとえばお相撲さんの世界になると、そんなことを言っても通用しません。土俵の上では言葉の理解が前提とされていないので、そこで議論をふっかけたら、張り飛ばされてしまう。土俵は相撲で戦うのが超越的な前提とされる場で、議論をふっかける場ではありません。だから、土俵で議論をふっかけてくるやつは張り飛ばしていい。

同じようにツイッターで何かを発言するときには、こちらが「言葉の土俵」を用意するわけです。その土俵の前提となるルールを理解していないやつは相手にする必要はありません。

そのことに関係して思い出すのが、三〇年くらい前に朝日新聞記者を襲撃して殺してしまった赤報隊の事件です。私は「ツイッターがあったら、あんなことにならなかったのではないか」と以前書いたことがあります。ツイッターで文句や悪口を言えば、それですんでいたのではないか。そういう場（土俵）がなかったから、こうなってしまったのではないか。

重要なことは、超越論的遂行論が可能な場所の存在です。ツイッターのような場があることは、過激な状況の歯止めになると思います。逆に、ツイッターで言論統制が行われるようになると、逆に、あのような事件が起こりやすくなるのではないかと思います。

例外が本質を表す

話はややそれますが、二〇世紀ドイツの思想家カール・シュミット（一八八八〜一九八五年）が提唱した「例外状況」という概念があります。彼は、例外状況が真実を明らかにすると言います。赤ちゃんとしゃべるのと、言葉ができる人同士での会話はちがいます。また、人を殺すという行為も例外的です。でも、そういう例外状況に直面したときに、本質的なものが見える。

人が人を殺すのは例外的です。だからといって、人は人を殺すものだとはいえない。殺すこともある、ということです。たとえば、民主主義ということを取り上げた場合、ふつうは政治の話になりますが、それを社内会議の進め方のような例外的な状況に適用した場合に、その本質が見える。

存在しているというレベルで見れば、そもそも例外なんてないわけです。例外的に見えるとしたら、概念のほうに問題がある。言葉が例外を生み出すんです。例外も含めて成立するものが、本当の普遍的なものであって、それが本質を表すんです。

この物理的世界はニュートン力学でだいたいのことは説明できるわけですが、それでは説明のつかない量子力学が扱うような領域もある。その領域を切り離してしまうと本質は見えない。量子力学的な世界は日常世界においては例外ですが、そこを含めて普遍的なものがあり、その例外からかえって日常世界の真実が見えてくるというのがカール・シュミットの主張です。

民主主義も、ニュートン力学のようなものといえるかもしれません。ただ、ニュートン力学は役に立つのに対し、民主主義はもともとだますためにつくられている。でも、それが役に立つと思っていると、その呪縛から逃れるのはけっこう大変なんです。あからさまな嘘であっても、嘘が成り立ってるのはそれなりの理由がある。たとえば、いまでは消えてしまったフロギストン（物が燃える現象を物質の分解と解釈し、燃焼の際に物質からフロギストンという元素が放出されるとした学説）とかエーテル（一九世紀の自然科学で提起された光を伝達する仮想上の媒質の名称）といった科学理論がありました。いまでは否定されていますが、もしフロギストンやエーテルに利権がからんでくると、それらを一生懸命守る人間が出てくる。民主主義も同じで、それを唱えることで得する人がいるかぎり存在しつづけるんです。

言葉の暴力なんてない

よく言葉の暴力、言論の暴力という表現を見聞きしますが、私はあの言い方が大嫌いです。「言葉の暴力だから規制しろ」といいますが、そんなことをしても何の解決にもなりません。

ドイツ出身のイギリスの心理学者、ハンス・アイゼンク（一九一六～一九九七年）が『性・暴力・メディア：マスコミの影響力についての真実』という本を書いています。その中でアイゼンクは、暴力とメディアの関係には模倣効果とカタルシス効果があると述べています。暴力的な発言をすると、それを模倣して実際に暴力が起きる場合と、その発言を聞いただけで、暴力を振るった気になってカタルシスを感じる場合があるという。

アイゼンクがこの本を書いたのは三〇年以上前なのでいまとちがうとは思うのですが、彼の結論では模倣効果のほうが強いというものでした。つまり、テレビで暴力的な番組を放映すると、暴力事件が起きやすくなる。

ただ、これにはいまだに議論があります。私はむしろ逆だと考えています。たとえば、伝統社会では儀礼を行います。それは時には死や暴力をめぐるドラマの再現だったりします。それは暴力を儀礼という形でドラマ化することによって、カタルシス効果を狙ったものなのではないか。だからこそ人類の歴史の中で、宗教儀礼が長年にわたって続いてきたのではないでしょうか。

宗教の大きな機能は、暴力のコードを、儀礼のコードに変換することにあります。暴力的な儀礼は、現実の暴力の代わりに行われている。暴力的な言葉もそうです。現実の暴力を言葉に変換することによって代償効果が生じる。それを抑えてはいけないんです。

「異教徒を殺せ」という言い方をすると、大問題になったりします。でも「異教徒を殺せ」と言っている間は、殺していないわけです。ツイッターでも、「あいつ殺したい」とか「死ね」という言葉が飛び交っていますが、それで現実に殺しに行く人間はまずいません。

「おまえ殺すぞ」と言っている人間は、実際に殺せなくても、「殺すぞ」と言いたいことを口にすることで少し気が晴れます。これを精神分析では「代償満足」といいます。「実際は殺さないけれど、殺したいくらいの気持ちなのだ」と相手に伝えているわけです。そう口にすることで相手に警戒を促す。もし本当に殺そうと思ったら、予告なしに殺します。言葉にしているうちは、本気で殺す気はないので、たいして危険ではありません。

現代は言葉に対して異常なまでに過敏になっています。若い人の中には、「バカ」と言われただけで自殺してしまう人もいる。でも、言葉なんて、ただの音です。それを言葉の暴力などといって規制しようとするから、いっそう言葉に対して過敏になって、耐性がなくなっていくんです。

「死ね」も「殺すぞ」も、ただの音です。その音でしかないものを、さも力があるかのように扱うものだから、みな影響されてしまう。それを偶像崇拝というんです。そんなことをやっているから、みんなバカになるんです。

言論の自由には実体がない

同じ意味で差別もヘイトもちっともかまいません。「アメリカに死を！」とか「イスラーム教徒は死ね！」とかでも、口にするだけなら何ら問題はありません。むしろ「死ね」と言っているおかげで殺さずにすんでいる。いくら悪口を言っても、実際に殺さなければ刑罰は下りません。それが近代刑法であり、言論の自由というものです。殺したらその時点で罰すればいい。

もちろん、「死んでしまえ」と口にするのが良いとは言いません。しかし、法は善悪の判断とは関係ありません。法とは、罪を犯した場合にどうするかという取り決めであって、善悪を問うものではないんです。

言論の自由と申し上げましたが、これも実質的には存在しません。実体としてあるのは禁止のほうです。禁止はどこにでもあります。禁止されていない領域を自由と呼んでいるだけです。つまり、不自由と感じたときに初めて自由の輪郭が見えてくる。言語というもの自体、規範があって成り立っています。その意味では言語とは本質的に不自由なものです。けれども、その不自由さがあるがゆえに言語が機能するんです。

では、言語が不自由だからといって、嘘を自由についてよいのか。これはまちがいです。嘘が認められたら言語は成立しません。ですから、基本的には嘘をついてはいけない。たとえば、算数の先生が「3＋3は8だ」と教えたら、これは許されないわけです。しかし、言論の自由というのを字義どおりにとるならば、そういう嘘も認めろということになります。「いや、それは言論の自由ではない」という人がいるならば、その自由というものにはなんら実体がないことになります。自分にとって都合のいい特定のものについて言論の自由と言っているだけです。

自由の範囲を決めているのは、その時その時の価値の基準です。何によって価値が決まるのかは、社会や時代によって変わります。たとえば同性婚に価値を認めるとした場合、それがどのような結果をもたらすかは長期的には見通せません。犯罪が増えるのか減るのか、あるいはもっと長い目で見て人類が滅びるかどうか、それはわかりません。

しかし、過去長きにわたって続いてきた社会であれば、そこにあった規範は少なくとも何世代かを生き延びさせてきたという事実があります。私は保守派なので、そうした規範の価値を認めることは大事だと考えています。新しいことを導入すればもっと良くなる可能性もあるでしょう。でも、滅びる可能性もある。より多くの人間が、より良くはならないかもしれないけれど、少なくとも滅びない方向をめざすとすれば、これまでずっとやってきたことを尊重するのは意味あることです。

バカがＡＩを作れば、バカなＡＩができる

ただし、保守的といっても科学技術は進歩していきます。ＦＡＸが便利だからと

いって、これをいつまでも使い続けているわけにはいかないでしょう。

イスラーム的には世の中は基本的には退歩していくものなのですが、一部の領域では例外的に進歩していく部分がある。それが科学技術の領域です。イスラーム法上でも科学の話はしません。ここはひじょうに限られた領域であって、他の領域にそのことを適用することはできません。つまり、科学の分野で起きていることを、政治や思想に当てはめて普遍化しようとすると、リベラリズムのようなバカの元になるんです。

人間の生物学的構造自体はこの二〇万年から三〇万年くらい、ほとんど変わっていません。認知や行動様式はかなり変わったとしても、生物学的な基盤はそれほど大きく変化しているわけではない。もちろん細かく見ていけば変化はあるものの、カール・ヤスパース（ドイツの哲学者、精神科医。一八八三～一九六九年）が言うように、紀元前五〇〇年ぐらいから紀元後五〇〇年ぐらいまでの一〇〇〇年の間に、いまの人間の基本的な思考や行動のパターンはほぼできあがったといっていいと思います。

将来的に人間の脳が機械に置き換わったりすれば、若干変わるかもしれませんけれど、それでも大きな違いにはならないんじゃないかと私は思っています。たとえば、「私」というのは一つの人格だとわれわれは思っていますけれども、それも頭の中でつくられた概念です。無数の細胞からなっている人間に、たった一つの人格があるという考え方には何の根拠もありません。脳梁《のうりょう》を切断し左脳と右脳が分離された場合、二つの脳が別々のことを考えていることも明らかになっています。人間には統合された意識があり、それを「私」という人格として取り扱う、という前提がありますが、それ自体が思い込みにしか過ぎません。

実際には、無意識や多重人格というモデルもあるように、単一の「私」という考え方がたまたま近代において主流であっただけのことです。むしろ、人間は、相手によって変わる多くの役割の複合に過ぎません。会社の社員であり、母親の子どもであり、夫であり、子どもの父親であったりします。あるいは町内会の会長だったり、宗教団体の役員だったり、少年野球のコーチだったりするかもしれません。「私」とはそれらのペルソナの集まりです。ペルソナの元々の意味は仮面です。人には仮面しかなく、本当の自分、素顔などというものはありません。仮面を全部脱いだ素顔など、のっぺらぼうでしかないのです。

科学技術が発達したからといって、現代を特別と考えると現実を見誤ります。アダム以来人間自体は進化しておらず、どんなに技術が発達しようともバカはバカのままです。AIの発展によって、もはや人間がテクノロジーの進化をコントロールできなくなるシンギュラリティ（技術的特異点）がやってくるという説がありますが。バカが

ＡＩを作れば、そのＡＩは人間に輪をかけたバカになるのがオチです。人間のバカさ加減をなめてはいけません。科学技術の発達に幻惑されず、現代という時代を特別視せず、もっと相対化して、大きな視点で見るべきだと思います。

差別と区別にちがいはない

言葉の暴力をあげつらうことに意味はないと申し上げましたが、ヘイトや差別も同じです。世間では「区別はいいけれど、差別はいけない」という言い方で、差別を批判するような物言いがあります。「男の人と女の人は役割が違います。これは差別ではなく区別です」とか。

でも、これは欺瞞の教育です。差別と区別には何のちがいもありません。人間の認識はそもそも区別や差別をすることによって生まれます。哲学的な議論で言いますと、ちがうものをちがうといい、同じものを同じだという。ちがうものを同じだと見るのはまちがいで、同じものを同じだということには意味がありません。哲学者のルートヴィヒ・ヴィトゲンシュタイン（オーストリア出身。一八八九～一九五一年）はそう言っています。

たとえば、ダンベルと豆腐はちがいますよね。そのちがうという事実が差別であり区別です。では、それにどのような役割を振り分けるか。ふつうは豆腐は食べて、ダンベルは持ち上げます。豆腐を持ち上げて体を鍛えることはできないわけではありませんが、崩れやすいのであまり向いていません。また、ダンベルを食べるわけにもいきません。こうした振り分けは、差別や区別とは別で、価値観の問題です。自分は豆腐で体を鍛えるという価値観をもっている人にとっては、それはかまいません。ダンベルをどうしても食べたいというのも価値観です。非合理的ではありますが、それは本人の価値観なのでとやかくいう筋合いはありません。

ただ、その前に、ダンベルと豆腐を区別できないと困ります。ダンベルと豆腐を差別してはいけないと言ってしまうと、それは認識として誤っています。差別は良くないという議論そのものがおかしいんです。ちがいがある以上、そのちがいを認識することが区別や差別なのですから。

同様に、差別がいけないからといって、黒人と白人が同じだとはいえません。色は一つの属性ですが、その属性でちがいが生まれます。

問題になっているのは価値観なんです。たとえば、人間とチンパンジーを比べて、知的労働をチンパンジーにさせて、人間に単純な作業をさせるのは合理的ではありません。ひょっとしたら、チンパンジーの中には知的作業をばんばんこなしていくような人間より優れた個体もいるかもしれません。でも全体としては、人間のほうが知的能力が高いことがわかっているので、人間に知的作業をさせるほうが合理的です。でも、人間とチンパンジーを見分けることができなければ、それもできません。

あらゆる価値観は恣意的なもの

くりかえしになりますが、差別自体にはなんら問題はありません。差別は事実の認識だからです。しかし、差別されるものに何を割り当てるかは価値観の問題です。そこには合理的な理由があったほうがいい。ある価値観で割り当てをしても、それを上回る価値観が出てくれば割り当てが変わるでしょう。価値観に普遍性はありません。それは趣味の問題です。

もう一つ、そこにかかわってくるのが平等の議論です。ちがっていても平等に扱うべきといわれますが、本当にそうでしょうか。たとえば、白人と黒人は色という属性はちがっていても他の点においてはちがいがないから同じとして扱うべきという議論があります。「人間である」「コミュニケーションができる」という点においては同じだから同じに扱う。これは正しい。同じものを同じとして扱っているからです。

しかし、人間は事実より価値観を優先しがちです。現実には、アメリカには皮膚の色で差別するのは良くないけれど、能力で差別するのはかまわないという価値観が浸透しています。その「能力」の中には英語ができることも含まれています。つまり、英語ができなければ、平等に扱わなくてもよいということです。

能力による差別は、どこにでも見られます。平等であるべきだと言いつつ、学校は成績で人を差別します。入れる学校も成績で決まります。でも、リベラルな人に言わせれば、それは差別ではないのかもしれません。もしそうなら、それは欺瞞です。

世の中には無限の差別があります。ある差別はダメで、ある差別はかまわないとするのは恣意的な価値観や趣味で決まります。同じものは同じで、ちがうものはちがう。そもそも差別が問題になるのは、ちがっているものを同じにしようとするからです。しかし、ちがうものを同じにするための根拠は恣意的なので、結局、哲学的には無意味なんです。

子どもの頃にやらされた知能テストで、いくつか絵が描いてあって「仲間同士をつなげてみましょう」というのがありました。たとえば、リンゴとバナナとサルとウマが描いてあったら、果物ということでリンゴとバナナをつなぎ、動物ということでサルとウマをつなぐ。でも、それも恣意的な線の引き方です。日本人は外は黄色でも中身は白いバナナだとか、イエローモンキーなんて言われるぐらいですから、バナナとサルを色が黄色の仲間同士とする線の引き方だってあります。

結局のところ人間の引く線は、すべて恣意的です。恣意的でない線を引けるものがあるとすれば、それは一神教の神しかありません。イスラームであれば、男性も女性も礼拝は同じようにするとか、生理のときは女性は血が流れるんで礼拝しないとか、男性が扶養義務を負っているとか、そういう取り決めがあるので、それが普遍的な根拠になります。

もっとも一神教といっても、キリスト教の場合、聖書がいい加減で客観性に欠けるので、何を守ればいいかが曖昧です。ユダヤ教のほうが倫理性はありますけれども、民族宗教なのでやはり普遍性に欠ける。ユダヤ教は歴史が長すぎるので、どこを取って、何を守ればいいのかが曖昧なんです。そうなると、やはりイスラームしかありません。

『キングダム』の時代が近づいている

私は原泰久の『キングダム』という漫画が好きなんです。あれはたくさんの国家がいがみあっている古代の中華世界を、後に始皇帝となる秦王・嬴政《えいせい》（紀元前二五九～紀元前二一〇年）が法によって統一しようとする話です。国境をなくし、法による支配をもたらすという意味で、イスラームのカリフ制再興に通じるテーマです。

この本はイスラームやカリフ制をテーマとしたものではないので、くわしくはふれませんが、カリフとは預言者の代理人をさします。このカリフがイスラーム法にもとづいて全イスラーム世界を束ねるのがカリフ制です。そこには国境はなく、人も物も自由に移動ができます。国境によって他の国の人を排除することはありません。イスラームにとってカリフ制は義務なのですが、残念ながら現代のイスラーム世界は国民国家に飲み込まれてしまっているという情けない状況にあります。

『キングダム』で描かれているのは既成の秩序の徹底した破壊です。そこで活躍するのは、平時にはほとんど役に立たない「狂った」人たちです。秦王・嬴政もそうですし、活躍する将軍たちも「狂っている」人ばかりです。平時には機能していたバカのシステムが立ち行かなくなり、代わって「狂っている」人たちが割拠する時代です。それはまさに現代の世界に重なります。

世界が『キングダム』の世界に近づいている中、日本の国力や地位はどんどん落ちています。それでも日本国内だけを見ると、それなりにうまくいっているように見えます。私が若かった頃より、いろんな意味で便利になって住みやすくなっている。コンビニはそこいら中にあるし、携帯やスマホもある。インターネットで音楽も聴けるし映画も見られる。一〇〇円ショップもある。物質的に見れば、ニートでも始皇帝よりもいい暮らしをしています。それでもバカだから、あれこれ文句ばかり言っている。どんなに便利になっても不満ばかり言っているのは、内面に問題があるせいです。つまり結局、心の問題なんです。

もちろん、すべてを心の問題に還元しつくすことはできません。電気も水道もガスもなく、零下三〇度の冬に水を汲むために凍った川に行き、薪を取りに山に行かねばならないアフガニスタン北部の貧しさは心の問題によるものではありません。しかし、少なくとも日本における貧困は心の問題に還元できると思います。世の中がこれだけ便利になっているのに、若い人のメンタルはとても弱くなっているように思います。先生に「おまえ」と言われたり、「バカ」と言われたりしただけで人格を否定された気になって死にたくなるという話も聞きます。先生が勉強しない学生に「学校なんて、やめちまえ」と言うと、「アカハラ」（アカデミック・ハラスメント）とか「言葉の暴力」と言われる。しかし、言葉が暴力なのではありません。言われたほうが、それを暴力と認識し、自分で自分を傷つけているんです。言葉を暴力に変換する回路を自分でつくっているから、そうなるんです。

人間に「生きる権利」などない

前にも言いましたが、承認欲求が強過ぎるんです。承認されないと自分には存在価値がないという思い込みが、現代では異様に大きくなってしまった。そして、その根底には「人間には生きる権利がある」という思い込みがあります。

しかし、それがまちがっているんです。生きるのに権利も何もないんです。権利なんて自由と同じで実体などありません。当然「生きる権利」なんてものも、もともと存在しない。その存在しないものを「ある」と思っているから、生きることが苦しくなる。そんなものはないんです。人間には生きる権利なんてないんです。たまたま生きているだけです。

でも、そう言うとネットでは「お前は人に『死ね』と言うのか」とからむ人が出てきます。それもまちがいです。生きる権利がないからといって「死ね」と言っているわけではありません。ハエやゴキブリにも生きる権利があるとは思いませんが、やたら殺したりはしません。踏んでグシャッとつぶすと気持ち悪いですしね。

「人間は自由だ」とか「自由でなくてはならない」とかいう考え自体が洗脳です。その考えにこだわり過ぎて、結果的に「自由でなければならない」という考えの奴隷になっている。「自由」という考えをもつことは、「自由」に自分を縛りつけることにほかなりません。

では、そのような洗脳から、どのようにしたら逃れられるのか。それには人間には価値がないことを淡々と見つめることです。すべての伝統宗教は、そのことを教えています。人間は死ぬ。死んだらゴミになる。その事実を淡々と見つめる。

人間には生きる価値があるといったって結局は死にます。自殺しようとする人を「生きていないといけません」と言って止めたりしますけれど、かならずいつか死ぬんです。「生きていないといけない」と口にする人は無責任で悪質な嘘つきです。どうせ人間は最後は死ぬのです。「生きていないといけない」「死んではいけない」などと言っておいて、死ぬときが来たらどうするつもりなのでしょう。

自殺の原因には、つねに承認欲求がかかわっています。原因がお金であろうと、哲学的な悩みであろうと、人間関係であろうと、そこにはかならず承認欲求がかかわっています。しかし、承認されたいならば、まずその前に自分が社会化して、社会に所属しなくてはいけない。その所属もできていないのに、社会から承認されたいと考えること自体がバカなんです。

「天知る　地知る　我知る　人知る」という中国の故事があります。承認されなくたって、天も地も知っている。それだけでいいんです。逆説的な言い方ですが、生きていることに意味なんかないと知ることが、真の意味で生きることの理解に通じるんです。

第5章 長いものに巻かれれば幸せになれる？

聞き手・田中真知

理想は「周りのマネをする」と「親分についていく」

――この本の一つのテーマは「バカがバカなりに幸せに生きていくにはどうしたらいいか」ということだと思うのですが、バカは隣の人がやっていることをそのままマネすればいいという話がありました。でも、隣の人もバカだったら、バカがバカのマネをするだけで、何も変わらないように思うのですが。

中田　そんなことはありません。すでに述べたようにバカとは正規分布のボリュームゾーンなので大量にいる。問題は、バカな人間に「おまえはバカじゃない」って言うことなんです。大量にいるはずのバカな人たちに「自分は賢い」と思わせて、いろんなことをやらせて、かえって不幸にしているのが今の社会です。そうやって日本はどんどんダメな国になっています。

かつての伝統社会では隣を見ていれば、バカはバカなりに生きていくことができたんです。文化人類学者のレヴィ＝ストロース（一九〇八～二〇〇九年）は、そういう社会を、変化が少なく運動エネルギーをあまり要さず燃費がかからない「冷たい社会」と呼びました。その反対は、エネルギーを消費して熱を発し大きく変化し続ける現代のような「熱い社会」です。そこでは人は不安に煽られて、隣を見ているだけではだめなんじゃないかと思わされてしまった。でも、それは勘違いです。

――勘違いというと。

中田 前にも言いましたが、いまの若い人は、物質的には昔よりずいぶん恵まれています。われわれの頃には携帯もインターネットもなかったし、コンビニもこんなになかった。大学にもエアコンはなかったし、電車も一部に冷房車があったくらいです。

それに比べれば、いまの若い人の環境はずっといい。それなのに「あなたはもっとできるはず」とか「もっとあなたはエラくなれる」といった自己啓発的なメッセージに乗せられて、いまのままじゃだめだ、という強迫観念にとらわれて、かえって不幸になっている。そんなことしなくても、基本的には、周りのマネをしていれば生きられます。できなくても、エラくならなくてもなんら問題はありません。乗せられてエラくなろうとすれば、たいてい不幸になります。バカが生き延びるには分をわきまえることです。

——それが周りの人間のマネをするということなんですね。

中田 そうです。あともう一つは、誰か一人の親分についていくという生き方です。その人の言うことをなんでも言われたとおりに「はいはい」と聞いて、お小遣いをもらって生きていく。日本ではあまりいませんが、字も読めない、数も数えられないレベルの人たちが、どうやって生きていくのかというと、単純にそういう生き方になります。基本的にこの二つがいちばんいい生き方です。

——えーと、つまり「周りのマネをする」「親分についていく」。この二つが、いちばんいい生き方なんですか……。

中田 そうです(笑)。これはすごく重要なんです。子どものときにどうやって生き延びていくかといったら、これしかありません。ドラえもんを見ても、ジャイアンとスネ夫の関係なんて、そうですよね。

——ええ、まあ。でも、ジャイアンもそうですが、もしその親分が横暴だったら、どうすればいいんですか。

中田　それでも自分で生きるより、そっちのほうがいいんです。親分だって、ついてくるやつを、そうそう殺しはしません。基本的に、絶対服従する人間は信用できます。自分の言うことしか聞かないわけですから。何か考える人間のほうが危ない。なので、生かさず殺さずという状況に置かれるにしろ、そういう人間は安全に生きていけます。

――でも、まったく考えない人はいないのでは。

中田　考える人間は、だいたいぶれて失敗します。いまのサウジアラビアもそうですけどね。おとなしく、アメリカについていけばいいものを、ロシアに色目を送ってみたりして。

――その親分とは具体的にはどういう人になるのでしょう。お父さんでもいいんですか。

中田　最初に従うのは誰でも親ですから、それもありますよね。でも人類学や発達心理学が教えるところでは、ある程度の年になると、準拠集団は家族よりも近隣の少年（少女）組になるので、親よりもむしろ年長の兄貴（姉貴）分になります。

――その親分－子分の成り立つ関係というのは、どういう集団やコミュニティーになるんでしょう。会社は難しいんですよね。

中田　会社は難しいですね。会社は選別された人間が入りますからね。会社に入れる人間って、やっぱり、基本的には、エリートですから。

――小さな会社は？

中田　小さな会社のほうが親分－子分に近い関係になりますね。名前は会社でも実際には、親分－子分ですよね。日本人が好きな「会社は家族、社員はわが子」といった関係です。

自分より優れた人間を見つけるのが重要

中田　よく「自分で考えよう」とか言って、人の意見のいいところを取り入れようとしますが、人間は元々バカですから、ほぼ一〇〇パーセントまちがえる。ちょっと考える人間が、いちばん厄介なんです。

たとえば、知能八〇の人間と知能九〇の人間がいるとします。そのとき、八〇の人間の頭で、九〇の人間から言われたことの是々非々を考えても、まちがえるわけです。もちろん九〇の人間でも、まちがえるんだけれども、八〇の人間は九〇の人間に一〇〇パーセント従っていれば、とりあえず九〇の結果は出る。八〇の人間がいくらがんばっても、八〇の結果しか出ない。賢い人とバカな人だったら、賢い人間がまちがえたとしても、バカは言うことを聞いているほうがいいんです。

――うーん。誰が賢いか、誰がバカかどうやってわかるんですか。そもそもバカでは、それがわからないから、バカが、もっとバカを見てしまうのでは。

中田　そこなんです（笑）、自分より優れた人間を見つけるのが重要なんです。賢い人間は自分よりバカな人間がわかります。だからバカがやってきたときには、ある程度の賢さを見せることが重要ですね。

――難しいんですね。賢いほうにとってもハードルが高いんですね（笑）。でも、バカにはもっとハードルが高い気がします。

中田　そうなんですが、それがバカにできる最大限のことなんです。小中学校や高校はその能力を身につけるところともいえます。自分がだれに従えばいいのかを見きわめる力を養う。「夢をもとう」とかいうことを考えず、自分より賢い人間を見つけて、それに、くっついていく。それが一番です。

――その「賢い」というのはどういうレベルの賢さですか。勉強はできるけど、人格的にはダメということもありますよね。

中田　それは、そうですね。でも、基本的には結果で判断するんです。たとえば、学校を、ちゃんと卒業できるとかですね（笑）。これは、重要なんですよ。卒業するのは、けっこう大変なんです。

――小中学校は義務教育なので、だいたい卒業しますよね。高校でも卒業しないのは少数派だと思うのですが。

中田　だから、日本の社会は、それなりにうまくやってきたわけです。周りの人間のやってることを見て、それをやっていれば、なんとなく、それなりに、うまくいく。みんなが卒業してるから、俺も卒業するみたいな。これは重要なことなんです。

身の程を知れ

――前に中田さんは日本は同調圧力がひじょうに強い社会だということを批判的に書いていたと思うのですが、人がやっているのと同じようにやればいいというのは、おっしゃっていたことと矛盾するのではないですか。

中田　同調圧力というと、すごく悪いイメージがありますが、基本的には社会化の過程というのは周りに合わせることです。それがないと人類は生きていけない。自分が洗脳されているとか、強制されているとか思っている人間は基本的には少数派で、何も考えていないのが普通です。言葉にしても「私は、こんな与えられた言葉は使いたくない」といって自分の発明した言葉でしゃべっても通じません。もちろん同調圧力といわれるものはあるのですが、基本的にはバカな人間は同調しても苦にならない。苦にならない人間に「それじゃダメなんだ」とか「おまえにはホントの生き方がある。ホントの自分がいるはずだ」と言うのが問題なんです。

――そこなんですが、たとえば、周りの流行に乗せられて、いろんなものを消費させられているのが現代だと思うのですが、そのことに疑問を感じていないならいいのですが、あとから「こんなの本当は買うんじゃなかった」と思って、消費を促す同調圧力のサイクルから抜け出したいと思ってる人もいると思うのですが、それも、やっぱりバカなんですか。

中田　それは、バカじゃないです。

――だとしたら、バカじゃない人もけっこう多いと思うのですが。

中田　たしかに多いでしょうけど、そのとき、どうするかですよね。何度も言いますけど、これは数の問題です。そう思う人たちの八割くらいは、やっぱりバカなんです。たとえば、そのときに「自分探し」とかに行くのがバカなんです。「自分」なんてないんですから。隣のマネをするのは、いいんですけども、ファッション誌とかなんかってのは隣じゃないですからね。こういうのを着ていないとトレンドに遅れるとか、それは隣の人間とは、ちがうわけです。隣を見るというのは、仮想の世界を見るのでなく、まさに隣の人なんです。

――隣のマネをしないで、何を言われても自分のスタイルを貫くというのはどうなんですか。

中田　それは基本的にはダメですね。そういう人間は、単純にハブられて終わりです。

――そうなったら、会社をやめるとかして、別のクラスター（集団）に行くしかないのでしょうか。

中田　それもたいてい失敗します。バカにできることなんて限られていますからね。周りにしても、自分にしても、どっちにしてもバカなんです。「この会社の人たち、みんなダサい。私が読んでいるのは、いまいちばん進んだものなのに、みんなそのことを知らない」とか言う。でも、「これが私の本当の望みだ」とかいったものも、所詮つくられたものです。それをわかったうえで何ができるか考えられればいいのですが、バカだから難しい。バカは身の程を知らないんです。

——そうであるにしても、それぞれに育ってきた環境はちがうので、たとえば小さいときから洋楽を聞いていた人が、いきなり演歌しか聞かない環境に入ったりすると、なかなかつらいと思うんですよ。

中田　まず、最初から入るなって話で（苦笑）。

——でも、社会に出ると、否応なく自分でコントロールできない環境に入ってしまうことって、ありますよね。

中田　そういうときは「ああ、これが神様の思し召しだ」と思って諦めればいいんです。ホントは、身の程知らずに、そんなとこに入るから、いけないいんです。

長いものには巻かれろ

――身の程知らずにならないためには、隣の人のマネをしろということですが、本当に、日常的に隣にいる人のことですか。

中田　そうです。基本は、やはり物理的に近い人間ですね。ストレスも喜びもやはり一緒に長くいる人間から来ることが、いちばん多い。私は自営主義なので家族といっしょに過ごす時間が長いのが本来のありかただと思うのですが、いまは家族より会社の人間といっしょの時間のほうが長い。それはまちがっているとは思いますけれども、現実がそうであれば、たとえば上司とか、そばにいる人についていくのがいいんです。

――イヤなら、やめるというのは？

中田　仕事にもよるでしょうが、日本ではまだ流動性が低いですから、辞めてばかりいると不利ですよね。私も採用する側だったら、いろいろ辞めてる人間は、「また辞めるだろう」と思うので、採りたいとは思いませんね。それよりも運命を諦めている人のほうが私は好きなので。結婚もそうです。気が合うかどうかなんて、どうでもいいんです。理想としては最初に会ったときに、直感的に正しい決定ができればいいんですが、バカにはむずかしい。だから、諦めるんです。

――最近の若者には、会社に入ったら、出世したいとか、仕事を意欲をもってやりたいというより、早く仕事とプライベートを分けたい、面白くなければ、二、三年で辞めたいと考える人が増えているといいます。

中田　その若い人の考え方で、全然いいんですが、会社としてそういう人間をクビにできないのは、おかしいと思います。イスラームでは労働者の権利意識というのもありません。会社として、そういう若い人が増えると、いい商品が作れなくなる。すると売れないので、つぶれる。それは会社にとって困る。だったら、そういう社員は会社にとっていらない人間なので、やめてもらえばいい。それが資本主義です。資本主義がいいと思っているわけではないですが、マルクスの言い方をするなら、労働力は商品なので、売ってしまえば労働者は疎外される。それがいやなら、すぐに辞めればいい。逆に会社も金を払った以上に残業させて、いい仕事をしろというのも、おかしい。

――その場合、社員が会社の利益を上げることと、余暇を大事にするという価値観は一致しませんよね。一致していないバラバラな価値観をもった人たちがいっしょに働いているのが会社なわけですが、「隣の人がやっていることのマネをする」のは、その価値観をいっしょにするというのとはちがうのですか。

中田　価値観はバラバラでかまいません。行動の仕方だけマネすればいいんです。少なくとも五時までは会社にいるとか、会社の運動会や忘年会には出るとか、慰安旅行には基本的に行くとか。といっても、もう慰安旅行なんてなくなっているし、あっても、若い人が増えてくれれば行かなくなりますよね。周りのマネをするとは、そういうことです。周りがサボっていれば、自分もサボればいい。もちろん、いくらだって批判はできますが、みんなバカだから批判したってうまくいかないんです。世の中は、そういうものです。「長いものには巻かれろ」って言いますよね。昔のことわざは、いいことを言ってますよね（笑）。

――「寄らば大樹の陰」みたいな（笑）。

中田　そうそう。

ほとんどの問題は、頭の中だけで解決できる

中田　いまは理系の時代といわれますが、たしかに機械は、ごまかしがきかないんです。機械はだませません。操作をまちがえると動きません。人間はいい加減なものなので、いくらでもだませる。ですから人間を相手にする文系人間というのは、いい加減なものを扱うのに長けているんです。いわば嘘と世渡りだけで生きている。

どんなにテクノロジーが進んでも、社会を牛耳っているのは文系人間です。東大で

いえば理工学部とか医学部ですら、全然、社会を牛耳っていません。官僚はやはり法学部出身なわけです。工学博士は技官にはなれてもトップには行かない。

どこの会社でもそうです。総務部とかにいるような役に立たない人間が出世していく。実際に働いている理系の人間は、機械のように働かされつづけて終わる。文系人間は何も生み出していないけれど、社会を支配してきたんです。でも、人間を幸せにするのは、本当はテクノロジーの進歩です。福祉をやったってたいして意味がない。でも、文系人間は福祉がいかにも重要だと思わせることで、理系の人間を働かせて、生きてきたんです。

――文系人間がしてきたことは、いわば、いかにみんなが信じやすいフィクションをつくり上げるか、ということですね。さきほどの話でいえば、「あなたなら、きっとできる」的なフィクションを与えることによってビジネスを生み出したりする。それが文系の知恵なんでしょうか。

中田 そうです。口先三寸で、投げ銭をもらって生きている。物とは、法学では「有体物」といい、神学では「場所を占める存在者」と定義されますが、基本的には共有できないし、所有権が発生します。一個の物は一人にしか売れません。それに対して、思想は物ではないので、一つ生み出せば、何百万人にでも、何千万人にでも共有される。近代は工業化社会といわれますが、誰もが、無限に共有できるものといえば、やはり思想なんです。頭の中でつくられたもののほうが、ほとんどコストをかけずに無限に分け与えられる、という意味で価値が高い。宗教もそうですね。結局、そっちで幸せになるほうが効率的で汎用的なんです。

われわれは子どもの頃より、いまのほうが物質的に豊かになってはいる。でも、頭の中で幸せをつくってしまえば何もいらないわけです。最低限、食べるものと寝るところがあればいい。あとは頭の中で空想していれば、いちばん安上がりに幸せになれる。

――映画『マトリックス』の世界ですね。

中田　『マトリックス』は、一応、それを支えるシステムを作らないといけないんですが、あれを自分の頭の中でやれば、ずっと安上がりなわけです。それが宗教の中にある。もちろん難しい部分もありますけれど、人間は生物学的にはアダム以来それほど変わっていないので、かなりの問題は、頭の中だけで解決できる。カール・マルクス（ドイツ・プロイセン王国出身の哲学者、経済学者。一八一八〜一八八三年）の時代は物質的なものを変えないといけないと言っていたわけですけれど、いまは、そういう時代ではないので、たいていの問題は頭の中だけで解決できる。問題といわれているもの自体が、頭の中でつくられた妄想でしかなくて、そもそも問題ですらない。「もう生きていけない」とか妄想していても、実際には生きていける。

――でも、学校でいじめや虐待があったとき、考え方を変えることで対応しようとしても、かえって追いつめられてしまう人もいると思うのですが。自分の頭の中を変えるか、それとも社会に働きかけるか、その線はたえず揺れ動いている気がします。人間は生物だし、生物にとってはとりあえず「生き延びる」のが大前提なはずなのに、頭が肥大してしまった結果、自殺してしまう人もいる。そうした頭の肥大は社会の仕組みによるところも大きいので、社会に働きかけることで変えられる部分もあると思うのですが。

中田 それはニワトリが先か、タマゴが先か的な議論でもありますね。実際には、社会を変えるのは難しい。頭の中を変えるほうが簡単です。頭の中を変えれば社会のほうも変わる。極端にいうと頭の中の偶像崇拝的な執着から自由になると、お金なんて欲しくなくなる。別に生きることへの欲望がなくなるわけではないんです。たとえば、たい焼きは欲しい。たい焼きは食べられますからね。でも、お金は食べられないから欲しくなくなる。お金は、基本的には何かを実現するための手段です。実現すべき目的が満たされれば、お金はいらない。お金を持っていること自体には、なんの意味もない。何かに使って初めて意味がある。そうすれば、お金がないことで苦しまなくなる。

社会を変えても、人間の心と価値観が変わらなければ、何も変わりません。むしろ、心を変えれば、どんな社会でも、それなりに幸せに生きていける。奴隷制だって、全然、かまわない。奴隷であっても、主人がいい人であれば問題ないわけですから。

――たとえば、悪いボスがいるとき、その悪いボスに、どうやって適応しようかと頭の中で努力するよりは、「こいつを、みんなで排除しよう」とか「逃げよう」とかいうほうが手っ取り早くて、効果的なこともあると思うのですが。

中田　それは、そうですね。どうしても耐えられなかったら、逃げたり辞めたりするのが、いちばん、いいわけです。

——その「逃げる」というのと、逃げないで、隣の人間のやっていることをやり続けるというのとは、どのあたりで判断したらいいんですか。

中田　「逃げる」のはちっともかまいません。生きていけないから逃げるというのは、生物にとって当然のことです。ただし、逃げ先をまちがえれば死んでしまいますけどね。問題は、逃げることではなくて、たとえば「自分には、もっと適職があるはずだ」とか「自分にはホントの生き方があるはずだ」という幻想に入り込むことです。これは資本主義のやり方です。そうやってまわしていかないとつぶれてしまうシステムなのでね。

権威に逆らう人間は少数派であるべき

中田　バカな人間が生きていくための二つのパターンの話をしましたよね。一つは周りのマネをする、もう一つは、親分についていく。この二つの生き方には、承認欲求がいらないいんです。完全にまかせきっているので「承認されたい」という欲求が生まれない。承認欲求とは、自分が評価されたいとか、上に行きたいとか思うときに生じます。でも、「この人についていく」と決めてしまえば、承認欲求は必要ない。
人が生きていくうえで承認欲求はつきものなのですが、では、誰が承認してくれればいいのか。イスラームでははっきりしています。承認するのは神なんです。でも、イスラーム教徒でないならば、誰かについていくか、まかせてしまう。そうすれば承認欲求は必要なくなります。

――親分に認められたいとか、親分に喜んでもらいたいというのはないんですか。

中田　それはないいんです。親分についていくというのは、ほとんど宗教的な帰依の世界です。自分を無にして、ひたすら、言うことを聞いているだけ。これが正しいんです。

――喜びとかはないんですか。

中田　喜びなんかありません。でも平安はある。平安が重要なんです。みんな、平安がないから悩んでいる。手柄を上げたい、認められたい、でも、うまくいかないといって悩むんです。そうなると親分にただついていくことができず、何かよけいなことをしようとするわけです。木下藤吉郎（のちの戦国大名、豊臣秀吉。一五三七〜一五九八年）みたいに親分の織田信長（戦国大名。一五三四〜一五八二年）の草履を懐で温めたりする。そうすればもしかしたら上にあがれるかもしれませんけれど、それは一部の人間にしかできないし、それで、あとでかえって苦労するんです。

そんなことをしなくても、ただ言われたとおりにやっていれば、一生、草履取りで終わるかもしれませんが、草履《ぞうり》取りとして平安に生きていける。出世すると稀代の英雄になるかもしれないけれど、殺されたりするリスクも高まるんです。草履取りのままのほうが安全です。親分が変われば、こんどは別の親分の下で草履取りをやっていればいいわけです。ジャイアンとスネ夫の関係みたいなものです。なんだか知らないけど、スネ夫はジャイアンについていくわけです。

――自分の身の安全を図るために、力のない人間は、そういう生き方をするほうがいいということですか。

中田　そうです。映画の『男はつらいよ』で佐藤蛾次郎（俳優）がやっている寺男の源公のような役回りです。兄貴は死ぬまで兄貴分で、弟分も死ぬまで弟分をやっていく。出世や昇進もせず、一生、弟分として兄貴についていく。そういう関係で生きていくのが平安をもたらすんです。

もちろん中には、それで満足できなくて、木下藤吉郎みたいに野心をもつ人もいるでしょう。そういう人がいてもかまわない。でも、いま話しているのは、そうでない大多数のバカに向けてのメッセージです。そういう人に「あなたには可能性がある」と思わせることが不幸を招く。むしろ「そんなものは、ない」って言ってやることがだいじなんです。それでも、「いや、自分には可能性がある」と思う人はいるかもしれませんが、あとは勝手にすればいい。何言ったって、言うことを聞かない人はいる。ただ、そうではない人間を刺激して、そっちに引きずり込むのはやめようと言っているんです。

権威に逆らう必要はあるんです。あるんですけれども「権威に逆らうべきだ」というのが多数派の言説になるのは、おかしい。権威に逆らわない人間がたくさんいて、権威に逆らう人間がちょっとだけいることで世の中は成り立っていく。でも、みんながみんな「権威に逆らえ」と言いだすと、すごい歪みが出てきます。なぜなら、その

「権威に逆らえ」と言っている人間が権威になってしまうからです。その人たちの言うことを聞かないと、やっていけなくなる。民主主義は、そういう世界なんです。私個人は、本当は、ひじょうに体制順応的な、まさに遵法を旨とする市民の鑑《かがみ》のような人間なので、とくにそう感じます（笑）。

——その市民の鑑が公安から見張られたりって、いったいどうなっているんですか（笑）。

中田　どうなっているんでしょう、ホントにねえ。「責任者、出てこい」という話ですよ（笑）。

——市民の鑑にしては、たとえば国民健康保険とか、隣の人がやっていることを、あまりやっているようには見えませんが。

中田　いや、私、隣の人間がいないんです。ずっと引きこもっているので。

たい焼きを配ることで生まれる価値

中田　話を戻しますが、本来、支配的な言説はバカ向きにできていないといけないんです。ところが、そうなっていない。民主主義というのは、本来少数派の言説なのに、そこに多くの人を巻き込んで肥大化させている。資本主義もそうです。お金を持っていれば、承認欲求が満たされたと思う。地位もそうです。正社員になると承認欲求が満たされる。つまり承認欲求が、あらゆることの基準になっている。けれども、イスラームの立場からすれば、先ほども言ったように、承認するのは神しかないわけです。

ドイツ出身のアメリカの哲学者エーリヒ・フロム（一九〇〇～一九八〇年）は、Being（ある）とHaving（持つ）という二つの動詞を取り上げ、近代を「持つ」ことが支配的になった時代だと言っています。資本主義の特徴も「持つ」ことにあります。「持つ」とは固定的に貯めていくことで、「ある」とは「持つ」ことと関係なく、常に変化していくことです。このちがいをストックとフローといってもいいでしょう。現代はストック、つまり地位や権力やお金をもつことが承認欲求につながっている。フロムは、それは偶像崇拝にほかならないと述べています。

でも、お金は持つことよりも、どのように使うかのほうが重要なわけです。たとえば、三〇〇円持っているのと、その三〇〇円でたい焼きを三つ買って人に配ることを比べてみましょう。三〇〇円持っているだけなら、なんの意味もない。でも、たい焼きを三つ配れば承認に値するわけです。権力も、そうです。権力を持っているかどうかではなくて、その権力で何を行ったかによって評価されるべきなんです。権力を持っているだけでは意味はありません。

しかし、資本主義の世の中はそうなっていない。持っていること自体に価値が与えられる。だから、たくさん欲しくなる。持っていることではなく、持っているものを、どう使ったかで承認されるようになれば、当然ながら、みんな持っているものを使うようになる。使うからには、誰かが喜んでくれることをするのが、いちばんいい。

――フロムの「ある」と「持つ」という話は、逆の意味でセミナーとか自己啓発などでも引用されがちですね。あなたが「何を持っているか」ではなく、あなたの「存在そのものに意味がある」とか「あなたが持たなくても、すでに与えられているんですよ」という口当たりの良い言い方で。

中田　そういうことを言う講師がいるとしたら、自分から、受講料を取る替わりにまず自分が持っているものを配れという話ですよ。そのセミナーで、みなに無料でたい焼きを配ってみろってね。そうすれば、みんなマネします。でも、講師がお金を取っていれば、みんなもお金を取るようになります。そういうものです。

たしかにイスラームでも、生きていることは神に承認されているということです。でも、それは神から何をするかを問われているのであって、それに応えなければなんの価値もない。「生かされているから、あなたの存在に価値がある」わけではない。そこで何をするかによって初めて価値が生まれるんです。いま、生きているということは、つねに悔い改めに開かれているということです。それは生きていること自体に意味があるというのとは、全然、ちがう。生きているだけでは何の意味もないんです。

――生きるに値する意味や根拠を欲しがっていて、それが見つかると満足してしまう、ということですね。よく「気づき」とかいいますが、それは生きる根拠や理由を見出しただけのことであって、行動がないということですか。

中田　そうです。生きているだけで、たしかに肯定されてはいるんですけれど、それはゴキブリだって同じです。生きているから肯定されているというだけだと、あなたはゴキブリと同じだという話です。それで良ければ、それでいいんですけどね。

大多数の人にコペルニクスは参考にならない

中田　先日、『君たちはどう生きるか』（吉野源三郎原作　羽賀翔一漫画）というマンガを読んだのですが、これはダメですねぇ。もう、呪縛の書というか、呪いの書ですね。

――話題になっている本ですね。どこがどうダメなんですか？

中田　全部、ダメです。ええとですね。たとえば、ここ、「自分の考えていること」っていう話で、最初のほうに「自分の生き方を決定できるのは、自分だけだ」とあります。ここからもうダメです。自分の生き方なんて自分で決定できないんでね。それを決定するのは偶然や運ですよ。人は生まれも育ちも、それぞれちがうし、自分の人生を自分で決定できるということ自体がまちがっている。

この著者である吉野源三郎（評論家、反戦運動家、雑誌『世界』初代編集長。一八九九〜

一九八一年）は穏健なマルクス主義者で、いろんな思想を混ぜていて、センスも中途半端で折衷的なんです。「よい人間になるには」という話が出てくるんですけど、弱い者をいじめちゃいけないとか単純な説教話なんです。その中で、ニコラウス・コペルニクス（地動説を唱えた天文学者。一四七三～一五四三年）の話が出てくるんですが、こういう例外的な人をモデルにしているのがもうダメです。コペルニクスは、たまたま成功しましたけれども、たいていは世の中でいわれていることと違ったことを言っている人間はまちがっている。ほとんどの場合、周りに従っていれば正しいんです。

――つまり、大多数のバカにとって、コペルニクスは参考にならないというわけですか。

中田　そうなんですよ。だいたい自分がコペルニクスやナポレオン・ボナパルト（フランスの軍人、政治家。一七六九～一八二一年）だと思っている時点で、まちがえているんです。たしかにマルクスの時代にはそれなりに意味があったと思うんです。そういうことを言う人自体が少数派だったから成り立っていた。けれども今は、自己啓発的なものが多数派になってしまっている。しかもそれが売れてしまう。それが異常なんです。本来であれば少数派の言説であるからこそ意味をもつ。『君たちはどう生きるか』は聞くところでは、小山宙哉の漫画『宇宙兄弟』とかアドラー心理学の解説書としてベストセラーになった『嫌われる勇気』とかを生み出したとても優秀なスタッフが舞台裏で作った本らしいです。みなが潜在的にもっている肥大化した自我を刺激するような話になっている。あなただって宇宙兄弟になれる、という話です。でも、実際はなれません。最初から『ONE PIECE』くらい荒無稽ならいいんですが、宇宙兄弟にはなれそうに思えても実際にはなれませんからね。そういうことを煽るのが罪深いんです。それより、誰でも確実にできるのはたい焼きを配ることなんですよ。

――たい焼きを配れば、肥大化した自我がしぼんでいって、承認欲求も満足させられるということですか。

中田　そうです。たい焼きパーティーをやって、誰でも来てよくって、それをインスタグラムで撮って、みんなで拡散する。そのほうがずっといい。

人間はさまざまな観念を抱えて生きていきます。観念には人を救う面もありますが、同時に、観念が偶像になって人を縛るという面もある。『君たちはどう生きるか』のような話が受けるのは、肥大した自我の受け皿になってくれるような観念を提供してくれるからです。けれどもその観念がまちがっていて、人を縛っているという面がある。その処方箋はやはり具体的なものであるべきなんです。それがたい焼きなんですよね。

――たい焼きは、食べればなくなりますよね。

中田　それが重要なんです。持てるものだと、またそれに縛られてしまう。持っているものが、エラくなってしまうので。配ってなくなるのが重要なんです。まあ、糖分が多くてあまり身体に良くなさそうだとかいうことはありますが、とりあえずもらって嬉しいし、美味しい。それをツイッターとかインスタで拡散して、まわしていくというのが、まさに現代なわけですね。これこそが二一世紀の革命運動なんですよ。「たい焼き革命」といずれ呼ばれることになる。漫画化して、映画化しましょう（笑）。

――はあ。多数派の価値観に真っ向から、たい焼きをぶつけるというのは、たしかに斬新ですが。

中田　実際、いま世界はそういう流れになってきているんです。これまでは第三世界が先進国の思想やノウハウを取り入れてキャッチアップしていこうとしてきて、先進国もそれを支援してきました。でも、じつは独裁のほうが効率がいいことを先進国側もわかってきた。ただし、そこでは自由も失われていくんです。トランプもそうですね。いままで独裁はダメだと言ってきた先進国のほうが、独裁になってきている。

そこに拍車をかけたのがイスラームなんです。9・11のとき、ブッシュは「ビン・ラディンは、我々の自由を憎んでいる」と言いました。でも、それはまちがっています。前にも言いましたが、ビン・ラディンが憎んでいたのは自由そのものではなく、自由という名の偽善や欺瞞でした。

それからというもの、いままで欧米が守ってきた自由の幻想が、どんどん崩れている。治安維持の名目で、どんどん自由が奪われて、均一的な社会に向かっています。結局、自由なんてないほうが秩序が守れるとわかったんですね。そのことにオールド・リベラルは反対しているんだけれど、ちっとも説得力がない。なぜなら彼らだって、心の底から自由や平等を求めているわけではないからです。移民問題にしても日本のリベラルは「受け入れろ」と言っていますが、一〇〇〇万人入ってきてもいいとは思っていない。アラブやアフリカから一〇〇万人単位で人が来たら、どうなるか想像がつきますからね。結局、人間は自由であるべきだというのは嘘なんです。そういうことが、わかりかけてきているのが現代なんです。

自由という幻想は、たしかに耳には心地良いんですけれど、あくまで秩序があるところで成り立つ話なんです。授業中は遊びまわらないことで学校は成り立っている。上司が「とりあえず五時までは会社にいろ」と言ったら部下は五時までいることで会社が成り立っている。もちろん、それでも一〇〇パーセント従うのは、おかしいんじゃないかという議論はありなんですが、基本的には、周りに合わせてふるまうことで秩序が成り立っている。それがわかっていないと始まらないんです。

――人間は社会の中で生きているのだから、社会や共同体のルールに従いましょうという、ひじょうに真っ当というか、当たり前の議論ですよね。

中田　そうです。それで初めて人は人間になるんですね。逆に言うと、オオカミの間にいたら、やはりオオカミのマネをするのがいいんです。そこで、人間のマネをして二本足で歩いたりすると「おまえ、なんだ」とか言われて噛みつかれるかもしれません。オオカミの間で正しい生き方とは、オオカミのように四つ足で歩いて、ウォーっと吠えることなんです。
もちろん、そこで「オレはオオカミじゃなくて人間だ」と思うのは正しいんです。でも、それを言ってしまったら、オオカミの間で暮らしていけない。生きるためにはオオカミのマネをしたほうがいいわけです。『君たちはどう生きるか』は、オオカミの間にいるのに「オレは人間だから二本足で歩く」と主張しているようなものです。

為政者が暗殺されるのはいい社会？

――最近、またアメリカで銃の乱射事件がありましたよね。その対策で教師にも銃を持たせるとか、銃を持った民間のセキュリティ会社のスタッフを置くとかいう案が出ています。自由を守るために、学校でも武装するという極端な状況がつくられています。

中田　良くも悪くも、アメリカはそういう国です。いま、たまたま『プリズン・ブレイク』というアメリカのテレビドラマをずっと見ているのですが、出てくるのはホントに野蛮な人たちです。監獄でも、みんな筋トレなんかやっていて、何かあるとすぐ撃ち殺すし。

アメリカの自由というのは、そういうものとセットになっているんです。アメリカの銃社会の本来の意味とは、武装した国家に対抗するために、自分たちも民兵として銃を持つということなんです。別に市民を撃つために持っているわけではない。国家に対する自由のために銃を持つのが本来の姿だったんです。でも、日本だと国民は国家の奴隷なので、銃がないほうが安全だという話になってしまう。日本人は国家が自分たちに牙をむいてくるとは考えていませんからね。

仮にアメリカでリベラルが言うような銃規制がなされるようになったら、あの国はもう成り立たない気もします。銃規制をする代わりに国家も武装解除するという話になればいいんですけど、それはないですからね。

私は、基本的には自由主義者なので、個人が武器を所有するのはかまわないと思っています。とくに本当のイスラームの国、つまりはカリフ制の下では国民皆兵が原則です。イスラーム法では、基本的には、銃を持つこともふくめて、すべてが許されている。銃を解禁すれば殺人事件は増えるでしょう。ただ、いつの時代も必ず犯罪はあります。法を破った人間に、きちんと法が適用されるのではあれば、それはかまわないと思います。殺人犯は殺人犯として裁かれ、窃盗犯は窃盗犯として裁かれる。そういう正しくできた法があれば、法を破る人間がいてもかまわない。悪い人間は殺してしまうという価値観もあっていいと思います。それがいいかどうかはまた別の判断です。個人的には銃などないほうがいいと思いますが、そうなると、国家に対抗するために、国家の力も削がないといけないと思います。

——現在は基本的には国家が一元的に暴力を管理しています。暴力を合法的に行使できるのは国家だけですよね。これが中田さんが提唱されているカリフ制になると、どうなるんでしょう。

中田　イスラームの正統カリフは四人いるのですが、その四人のうち三人が暗殺されています。ひどい時代だと思われるかもしれませんが、私は「暗殺はカリフ制の華だ」とツイッターで書いたことがあります。カリフが暗殺されるのは、いい社会だと私は思っています。こいつはダメだと思った者を、排除することができるのですから。

暗殺された第三代正統カリフ・ウスマーン（在位六四四〜六五六年）の時代は、一般的には血縁主義や縁故主義が盛んで、社会的な不平等も深まって、貧富の差も大きかった悪い時代といわれています。実際にそういう側面もありました。その一方で、世界最大の帝国でありながら、反体制派への粛清などはまったくなかったし、市民に対する弾圧もなかった。つまり国家権力のようなものによる弾圧がなかった。そして不平不満分子によって、正統カリフが殺されてしまう。これは私はすばらしい世界ではないかと思っているんです。いまのアサド政権みたいなものとはまったくちがう。市民を弾圧するのではなく逆に、カリフのほうが、あっさり殺されてしまう。理想の形だと、私は思います。

――市民が巻き込まれることはなかったのですか。

中田　ありません。カリフのウスマーンが斬り殺されて終わりです。もっとも、当時は鉄砲もなくて刀での斬り合いでした。人間のサイズに合った暴力ですね。

先ほども申し上げましたが、武装することそのものはかまわないと思います。イエメンではいまでも男はジャンビーヤという先の曲がった短い刀を帯刀しています。銃はよくわかりませんが、剣を持つ文化がしっかりあると、逆によほどのことがないかぎり、剣で人を殺めたりはしないものです。カリフ制もそうですが、革命は武力によって担保されると私は考えています。その意味ではアメリカ的な銃社会も仕方ないともいえます。ただ、実際銃がある社会とない社会ではどちらが平和なのかはわかりません。

――イスラーム的には平和は大切な価値なんですか。

中田　この世界では基本的に人間の命がいちばん大切です。イスラームの刑法が守ろうとしているものは生命、財産、宗教、それに名誉と家系です。理性を守るためにお酒を禁じ、名誉や血統を守るために姦通を禁じる。背教を禁じることで宗教を守る。殺人や強盗を禁じることで生命を守る。窃盗を禁じることで財産を守る、というふうになっています。そんなわけで生命は重要な価値ではあるんです。けれども、イスラームの教えでは来世があるので、何が何でも守らなくてはならないような最高の価値にはならない。もちろん、重要ではあるし、それを守るためには平和がなくてはならない。そういう位置づけです。

謙虚なダメと傲慢なダメはちがう

――中田さんは、「できもしないことを、できる」というふうに煽っていくのはよくないと言いますが、それによって何が守れなくなるのでしょう。

中田　できないことをやろうとすると失敗しますよね。できないことをやろうとするのは承認欲求に基づいています。でも失敗すれば承認されません。すると、ますます落ち込むわけです。それが問題ですよね。自分の身の丈に合わないことをしようとすれば失敗するんで、さらに承認欲求が満たされなくなる。

――周りの流れに惑わされないコペルニクスのような人間になろうとすると、不幸になるということですか。

中田　そうです。たしかに世の中には実際に不正はあるんだけれど、不正したからといって、不正をした人の金を盗めば捕まりますよね。そこで「私はコペルニクスだ」

と言っても通用しません。

――『君たちはどう生きるか』では、すべての人間が、人間らしく生きていけなくては、この世の中は嘘だとありますが、すべての人間が、人間らしく生きられるわけでもないことを受け入れなくてはならないということでしょうか。

中田 というか、そもそも、何が人間らしくて、何が立派かということです。実際は「そう、簡単にうまくいくわけがない」とか、いろいろ言い訳がましいことが書いてあります。でも、「うまくいかない」としか書かれていなかったら本は売れません。だからコペルニクスのような生き方をせよという、現実にはほとんどの人にとって不可能なことを幻想として与えている。そういう本です。

――でも、そういう言説が人気を得るのはわかる気がします。突っ込みどころはあるにせよ、人間が、自分をみじめだと感じて生きるのはつらい。そんなときに、人間は本来、そんな、みじめなものであってはならないんだ、という願いをもつこと自体は理解できる気がするのですが。

中田　でも、この本の原作が書かれた一九三〇年代のみじめさって、いまは、ほとんどないでしょう。コンビニもある。スマホもある。電気も水道もある。月に五〇〇〇円払えばネットで好きな音楽やドラマをいくらでも楽しめる。たった五〇〇〇円ですよ。昔だったら貴族しか楽しめなかったような贅沢です。どこが、みじめなんだという話ですよ。あの時代に「みじめ」だったことのほとんどは、いまでは解決しています。それなのに、もっとできるんだ、もっとやるべきことがある、できることがあるはずだ、と煽っていくことで、ますます不幸になっている。無用な雑務もどんどん増えている。みんな自分がダメだと感じている一方で、「こうならなきゃいけない」というのをもっている。その基準が高過ぎるんです。ダメならダメでいいんです。だってダメなんだから。

何度も言っていますが、ダメでちっともかまわないんです。宗教の場合は、ダメというのは神の前での謙虚さに通じます。でも、いまの人が「自分はダメ」というのは、かならずしも謙虚さからではありません。ダメを潔く受け入れているわけではないんです。逆に「こうならなきゃいけない」にしがみついているから、いまが「ダメ」に見える。でも、その「こうならなきゃいけない」は外から与えられたものです。与えられたものに振り回されている。

前にあげた例でいえば、本当はミミズなのに「おまえはヘビだ」という外部の囁きに煽られて、本当に自分をヘビだと勘違いしてしまっているのがダメなんです。「自分はヘビにしては、なんか足が遅い。ダメだなあ」とか思っている。まあ、ヘビもミミズも足はないですけどね（笑）。

「オレはダメだ」と言っているからといって、謙虚なわけではない。むしろ傲慢なんです。ミミズなんだからもともと足が遅いのは当然なんです。「ヘビだけど足が遅い、だからオレはダメ」なのではなくて、自分をヘビだと思っているところこそが、傲慢でダメなんです。

――外から吹き込まれた理想から逆算して、自分はダメだというのが問題だというわけですね。

迫害されても隣の人のマネを貫き通す

中田　「オレはダメだ」と言っている人は、「自分はヘビだ」と思っているミミズのようなものなんです。自分は本当はヘビなんだ、という前提そのものを疑っていない。

最初から、自分をわきまえていれば、そんなこと思わないわけです。

仮に「オレはできない。バカだ」と思ってる人間に、「いや、おまえはカエルに比べればましだ」と言っても、あまり喜ばれないですよね。「お前は仕事ができないけど、カエルに比べればできる。安心しろ」と言われても安心できないですよね。でも「自分はコペルニクスなんだから、もっとできるはずだ」というのは抵抗なく受け入れてしまう。どっちもまちがっているんです。正しくは、コペルニクスなのに普通のダメ人間のように扱われているので怪《け》しからん、ということではなく、ただの凡庸なダメ人間なのでダメ人間として扱われているだけであり、それは仕方ないことなんです。それで人間性が否定されるわけでも、人間としての平等が否定されるわけでもありません。

自分をコペルニクスだと思い込んで不幸になるなら、カエルと比べればいいんです。たとえば一〇万円の給料をもらったとして、カエルだったら、たぶん三万円ももらえなかったと思えば、人間としてちゃんと評価されていると感じられませんか。論理的に考えられれば、人間は不幸にならないんです。そこをまちがえるから、不幸になってしまう。

――そこは、人間にはより高く評価されたいという承認欲求があるので、どうしてもコペルニクスに近づきたいというのがあるのでしょうね。

中田　承認欲求自体は、赤ちゃんのときからあるものなので、良いも悪いもありません。生きるためにそれは必要なものだし、人間はそういうふうにできている。でも、人間として生まれた以上、理性を働かせれば、生きているとは承認されていることだとわかる。でも、理性が曇っていると、外からおかしな基準を取り入れて、自分は承認されていないと思い込んでしまう。

――なるほど。すると、「親分」や「兄貴」は、承認欲求を与えてくれる人ではなく、安全を保障してくれる人として存在するわけですね。

中田　そうです。さっきも言ったとおり、バカな人間が自分で是々非々を考えるのは、まちがいで、自分より頭のいい人に一〇〇パーセント従ったほうが、まちがえる確率は低くなります。しかも、考えなくていいので、楽なんです。

――それでもバカな人間でも親分の下で経験を積めば、そのうち自分で工夫したりして、そのうちに親分はじつはバカなんじゃないかって気づくこともあるのではないでしょうか。

中田　いや、たいていは超えられないと思いますよ。佐藤蛾次郎の源公と寅さんの関係がひっくり返ることはめったにありません。中には超えてやろうと企てる人間も出てくるでしょう。たいてい失敗しますけどね。それは仕方ないんです。「宿題をやれ」と言っても、やらない人間はいる。だからといって、「やるな」と言ったら、本当に誰もやらなくなってしまう。だから、やっぱり「やれ」と言いつづけないといけない。それが倫理というものです。絶対やらない人間がいるとしても、「やりなさい」と言いつづける。自由というのは、あくまで秩序あるところに存在するんです。でも、秩序はいらない、やらなくていい、自由なんだからというのは成り立たない。「やらない」人がいてもいいのですが、そっちが主流になってはいけないんです。

問題は、それがあくまで少数派であるときに意味が出てくるような価値観が、現代では多数派の言説になってしまっていることです。逆に「長いものには巻かれろ」といった、かつては多数派の言説であったものが、いまや少数派になって、逆にそちらのほうがコペルニクス的なものになっている。どんなに迫害されても、認められなくても、隣の人のマネを貫き通すという生き方こそが、いまや少数派のコペルニクス的な生き方なんです。

解説

田中真知

本書はイスラーム法学者の中田考氏へのインタビューを語り下ろしの形式（第5章はインタビュー形式）で再構成したものである。同様の形式でつくられた本に『私はなぜイスラーム教徒になったのか』（太田出版）があるが、今回は中田氏の専門であるイスラームからやや距離を置いて、主に現代の「生きづらさ」というテーマが取りあげられている。

「生きづらさ」は社会学、心理学、宗教、さらに自己啓発やスピリチュアルの世界まで、すでにさまざまな観点から論じられている。しかし、これまで西洋的な価値観にすり寄ろうとするイスラーム観を徹底してしりぞけてきた中田氏が語る「生きづらさ」は思いがけない視点を呈示してくれる。生理的・感情的には受け入れがたいと感じる人もいるかもしれないが、その生理的な違和感にこそ、われわれが無意識に刷り込まれている認知の歪みに気づく手がかりがあるともいえる。

タイトルの『みんなちがって、みんなダメ』が、大正から昭和初期に活躍した詩人・金子みすゞの詩の一節「みんなちがって、みんないい」のパロディーであることはいうまでもない。しかし、なぜ「いい」ではなくて「ダメ」なのか。

「みんないい」とは、そこに価値があると認めることだ。しかし、価値があるとすれば、人が社会で暮らしているかぎり、否応なくそこには比較が生じるし、だれが価値が高いかという評価に向かう。また、「みんないい」とは耳当たりの良い言葉だが、それは価値の評価によって起きる差別や不平等を隠蔽して、「みんないいんだから」と丸め込んでしまうような欺瞞を孕《はら》んでいる。結局のところ、みんなに価値があるとすれば、そこには競い合いが生まれる。

でも、「みんなダメ」ならそうはならない。「ダメ」は「いい」に比べて価値が低いのではなく、価値そのものがない。価値が奪われているということだ。

それはイスラームの考え方にも通じる。中田氏は、イスラームの根本にあるのは神以外のいっさいの権威や価値を奪うことだと再三語っている。生きていることにも、人間の行うことにもいっさい価値はない。だが、それはニヒリズムではない。イスラームではあらゆる価値は神に帰せられ、その神の慈悲によって人間が存在していると見る。つまり、価値などなくても、人はすでに神に承認されている。

イスラームでは人が「すべきこと」(価値に寄与すること)はすでに決められている。つまり、それを守っていさえすれば、あとは「したいこと」をすればいい。ただし、そこに価値などない。それがあえていうならばイスラーム的な自由といえるのかもしれない。

大半の日本人のような非イスラーム教徒の場合、「すべきこと」など最初から存在しないのだから、「したいこと」をすればいい。生きづらくなるのは、「したいこと」をしているつもりで、じつは誰かが決めた「すべきこと」に縛られていたり、そこに価値があるという考えに縛られていたりするからだ。でも、そのことに本人は気づいていない。誰かが決めた「すべきこと」など何の権威も価値もない。それが「みんなちがって、みんなダメ」ということだ。しかし、ダメだからといって否定しているわけではなく、ダメでかまわない。むしろ、ダメだからこそ評価されることからも否定されることからも自由でいられる。

本書でやり玉にあげられているものの一つに、最近話題になった吉野源三郎の『君たちはどう生きるか』がある。ただし、批判の矢が向けられているのは、第二次世界大戦以前に書かれた原著の内容そのものというより、当時の時代背景の中で成立していたメッセージを二十一世紀の現代にありがたがっていることのほうである。

もともと異端的な少数派であったコペルニクスのような生き方を賞賛することは、戦前の国家権力によるファシズム的政策に対する少数派の反発という文脈で語られていたからこそ意味があった。しかし、現代の生きづらさはコペルニクス的な生き方ができないことではなくて、コペルニクス的な生き方をするのが正しいという強迫観念にさいなまれていることのほうにあるのではないか、というのが中田氏の見方だ。「生きづらさ」をどうにかしたいと思って、「自分らしく」「自由」で「個性的」であるために、どこかべつのところにある「自分らしく」「個性的」で「自由」な生き方を求める。ところが、現実には多くの人がそれによって、かえっていっそう生きづらくなってしまう。ところが、本人はそのことに気づかない。それが中田氏のいう「バカ」であり「自分をヘビだと勘違いしたミミズ」である。

現代の資本主義社会は、大多数を占める「ミミズ」に「おまえは本当はヘビなんだ」という幻想を与えることでシステムを維持し、強化している。中にはそれによって本当にヘビさながらの才能を開花させる者もいるかもしれないが、それはほんの一握りであって圧倒的大多数はそうではない。「みんなちがって、みんなダメ」とは、そうした多数派の「バカ」に対して中田氏が投げかける慈愛に満ちたメッセージなのである。

著者略歴

中田考　なかた・こう

イスラーム法学者。一九六〇年生まれ。同志社大学客員教授。一神教学際研究センター客員フェロー。八三年イスラーム入信。ムスリム名ハサン。灘中学校、灘高等学校卒。早稲田大学政治経済学部中退。東京大学文学部卒業。東京大学大学院人文科学研究科修士課程修了。カイロ大学大学院哲学科博士課程修了（哲学博士）。クルアーン釈義免状取得、ハナフィー派法学修学免状取得、在サウジアラビア日本国大使館専門調査員、山口大学教育学部助教授、同志社大学神学部教授、日本ムスリム協会理事などを歴任。現在、都内要町のイベントバー「エデン」にて若者の人生相談や最新中東事情、さらには萌え系オタク文学などを講義し、二〇代の学生から迷える中高年層まで絶大なる支持を得ている。近著に『イスラームの論理』、『イスラーム入門』、『帝国の復興と啓蒙の未来』など。

構成

田中真知　たなか・まち

作家・翻訳家、あひる商会代表。一九六〇年東京都生まれ。慶応義塾大学経済学部卒業。一九九〇年より一九九七年までエジプトに在住。アフリカ・中東各地を取材・旅行して回る。著書に『アフリカ旅物語』（北東部編・中南部編）、『ある夜、ピラミッドで』、『孤独な鳥はやさしくうたう』、『美しいをさがす旅にでよう』、『たまたまザイール、またコンゴ』、『増補　へんな毒　すごい毒』、訳書にグラハム・ハンコック『神の刻印』、ジョナサン・コット『転生――古代エジプトから甦った女考古学者』など。

みんなちがって、みんなダメ

身《み》の程《ほど》を知《し》る劇薬人生論《げきやくじんせいろん》

二〇一八年八月　五　日　初版第一刷発行
二〇二四年五月三〇日　初版第四刷発行

著者　中田《なかた》考《こう》

発行者　鈴木康成
発行所　ＫＫベストセラーズ
〒一一二-〇〇一三　東京都文京区音羽一-一五-一五　シティ音羽二階
電話　〇三-六三〇四-一八三二（編集）
〇三-六三〇四-一六〇三（営業）
https://www.bestsellers.co.jp

印刷・製本　錦明印刷
ＤＴＰ　オノ・エーワン
装画　堀泉インコ
装丁　鈴木成一デザイン室

 ISBN 978-4-584-13886-1 C0030